ELOGIOS PARA

# 15 CARACTERÍSTICAS DE LOS PASTORES EFECTIVOS

Me hubiera gustado haber podido leer este libro cuando comencé mi ministerio. Está lleno de ideas valiosas para ayudar a los pastores a navegar las aguas peligrosas del liderazgo en la iglesia. El panel de expertos añade valor adicional así como la garantía de que estas ideas no son inventadas. Este libro debe leerlo todo pastor y líder laico. Le da a los pastores algo que los guía, y la creatividad usual que tiene Kevin Mannoia con verdades profundas ayuda a ponerlo todo a fácil acceso. Solo las imágenes por sí solas valen el precio del libro. Si tú creías que la efectividad se trataba de una fórmula fácil, necesitas empaparte en la sabiduría de este libro. Nunca pensarás lo mismo acerca de la efectividad pastoral.

**Robert H. Schuller**
La Catedral de Cristal
Garden Grove, California

Kevin Mannoia y Larry Walkermeyer nos presentan un curso intensivo del ministerio de adentro hacia fuera. Acertadamente explican cómo el trabajo pastoral puede ser formado por múltiples niveles y una experiencia esplendorosa cuando existe una recepción de Dios, un llamado sobrentendido, amor hacia las personas y un compromiso de servir. Esta es una guía indispensable bien escrita y oportuna.

**James Earl Massey**
Decano Emeritus y Profesor distinguido en
*Anderson University School of Theology*
Anderson, Indiana

# 15 CARACTERÍSTICAS DE LOS PASTORES EFECTIVOS

**La gracia y el desarrollo**

El amor a Dios

**La formación espiritual**

La integridad personal

**El amor hacia la iglesia**

El líder servidor

**El modelo de santidad**

La vida de oración

**El Espíritu Santo autoriza**

La predicación inspirada

**El llamado seguro**

El carácter devoto

**La responsabilidad personal**

El matrimonio fuerte

**El liderazgo visionario**

# 15 CARACTERÍSTICAS DE LOS PASTORES EFECTIVOS

*Cómo fortalecerte interiormente para producir un impacto ministerial duradero*

### Kevin W. Mannoia y Larry Walkemeyer

La misión de Editorial Vida es ser la compañía líder en comunicación cristiana que satisfaga las necesidades de las personas, con recursos cuyo contenido glorifique a Jesucristo y promueva principios bíblicos.

**15 CARACTERÍSTICAS DE LOS PASTORES EFECTIVOS**
Edición en español publicada por
Editorial Vida – 2009
Miami, Florida

**© 2009 por Editorial Vida**

Originally published in the U.S.A. by Royal Books;
    **15 Characteristics of Effective Pastors**
    **Copyright © 2007 by Kevin W. Mannoia and Larry Walkemeyer**
A Division of Gospel Light Publications, Inc. Ventura, CA 93006 U.S.A. All rights reserve.

Traducción, edición, diseño interior: *A&W Publishing Electronic Services, Inc.*
Diseño de cubierta: *Pablo Snyder*

RESERVADOS TODOS LOS DERECHOS. A MENOS QUE SE INDIQUE LO CONTRARIO,
EL TEXTO BÍBLICO SE TOMÓ DE LA SANTA BIBLIA NUEVA VERSIÓN INTERNACIONAL.
© 1999 POR LA SOCIEDAD BÍBLICA INTERNACIONAL.

ISBN: 978-0-8297-5611-1

CATEGORÍA: Iglesia cristiana / Liderazgo

*Dedicado a los pastores de hoy
y a los pastores que están por venir,
que buscan la efectividad en su llamado
para desarrollar la iglesia para la gloria de Dios.*

# CONTENIDO

**Reconocimientos** ........................................... 10

**Introducción** .............................................. 12
*¿Qué hace a un pastor efectivo?*

**1. La gracia y el desarrollo** ............................. 19
*Posee una experiencia intensa de la gracia y del desarrollo de Dios en su camino cristiano*

**2. El amor a Dios** ........................................ 31
*Posee un amor profundo y personal a Dios*

**3. La formación espiritual** .............................. 38
*Desarrolla hábitos regulares para la formación espiritual (devoción, ayuno, soledad, etc.)*

**4. La integridad personal** ............................... 50
*Valora y manifiesta firmemente la integridad personal*

**5. El amor hacia la iglesia** ............................. 64
*Demuestra amor y fervor por la Iglesia de Jesucristo a través de tus acciones*

**6. El líder servidor** .................................... 70
*Demuestra una actitud de siervo devoto en sus papeles personales y de liderazgo*

**7. El modelo de santidad** ................................ 81
*Modela y guía la congregación en la búsqueda de la santidad personal y corporativa*

**8. La vida de oración** ................................... 92
*Modela una vida de oración eficaz, regular y creciente*

### 9. El Espíritu Santo autoriza .................... 103
*Cree en el poder del Espíritu Santo y espera que este trabaje de manera continua*

### 10. La predicación inspirada .................... 116
*Demuestra una habilidad para predicar la Palabra de Dios de manera nueva y estimulante*

### 11. El llamado seguro .................... 123
*Las vidas y los ministerios surgen de un sentido claro del llamado*

### 12. El carácter devoto .................... 135
*Demuestra un carácter devoto, manifestado a través del fruto del Espíritu*

### 13. La responsabilidad personal .................... 149
*Invita y da la bienvenida a la responsabilidad personal*

### 14. El matrimonio fuerte .................... 159
*Posee un matrimonio estable con una consideración clara y cariñosa hacia la pareja*

### 15. El liderazgo visionario .................... 171
*Posee una habilidad para comunicar la visión y motivar a otros hacia ella*

## Conclusión .................... 181
*Una última palabra de cómo ser un pastor efectivo*

## Apéndices .................... 192

    A.   *Haciendo uso de 15 Características de los pastores efectivos*

    B.   *El Método Delphi*

    C.   *64 Características sintetizadas*

    D.   *Resumen de las descripciones de las 15 características*

## Acerca de los panelistas Delphi .................... 205

# RECONOCIMIENTOS

Este proyecto se ha extendido por muchos años. Durante el proceso, muchas personas han afectado los resultados; decir que somos los únicos que hicimos este libro realmente sería un error.

Como te puedes imaginar, es muy difícil enumerar a cada persona que se ha unido a este esfuerzo. Si no es el espacio lo que lo limitaría, ¡sería la memoria! Podrías pensar que dos mentes podrían recordar mejor que una, pero la realidad es que dos autores solo aumentan el número de personas a quienes les debemos mucha gratitud.

Hay algunas personas, sin embargo, que queremos reconocer por su participación. Sin ellos, no existiría este libro.

Primero y más importante, damos las gracias más profundas a cada uno de los nueve panelistas por su paciencia y voluntad para participar. Se dedicaron a un proceso largo y proveyeron la base para todo lo que se encuentra en estas páginas. Son personas que poseen profunda sabiduría, vasta experiencia y una perspicacia maravillosa, y las propias características son el resultado de su participación cortés. Uno viajaría hasta un lugar lejano solo para escuchar a uno de ellos dar una charla, ¡y aquí tienen ustedes su perspicacia y sabiduría *colectiva*!

Gracias a cada uno de ellos.

John Burke

Maxie Dunnam

Jack Hayford

Walter Kaiser

H.B. London

Stephen Macchia

Gordon MacDonald

Jesse Miranda

Brenda Young

Incluso mientras escribimos esta lista, nos sentimos impresionados por la sabiduría que representan y agradecidos por su amor de pastores.

Además, les damos las gracias a las personas increíbles que nos asistieron en seleccionar a estos panelistas. Nos ayudaron a asegurarnos de que los pastores que formaran el panel fueran verdaderamente los que teníamos que elegir.

Gracias a Michelle Price, que fielmente mantuvo el contacto con los panelistas, reuniendo los envíos por correo y haciendo el trabajo difícil de logísticas de encuesta.

Entre aquellos que merecen agradecimiento están principalmente los miembros de las familias Walkemeyer y Mannoia. Por su manera de reconfortar, su apoyo y aliento cariñoso, gracias a nuestros hijos, Lindsey Walkemeyer y Kristyn, Christopher y Corey Mannoia, y en especial a nuestras esposas, Deb y Kathy. Los queremos a todos.

Regal Books se merece un gran agradecimiento por ver las posibilidades de este proyecto y aceptar los riesgos. Nos sentimos honrados de ser parte de la familia Regal, y profundamente apreciamos la fe que han mostrado en nosotros.

Que gran bendición transmitirte a ti, el lector, nuestro agradecimiento por arriesgarte a leer este libro con fe de que Dios te dará una visión fresca para ser efectivo el ministerio.

Y humildemente le agradecemos a nuestro Dios por la gracia y la confianza para permitir que estos pensamientos fluyeran.

*Todo lo que somos, te lo debemos a ti, Señor,*
*y todo lo que tenemos, te lo entregamos a ti.*
*Para tu gloria y para tu iglesia, nos entregamos de nuevo.*
*Gracias.*

Kevin W. Mannoia
Larry Walkemeyer

Introducción

# ¿QUÉ HACE A UN PASTOR EFECTIVO?

¿Te has preguntado alguna vez si eres el tema de conversación en el estacionamiento? ¿Si estás haciendo un buen trabajo? ¿Cuán efectivo eres? Te puedes estremecer al pensar en que la gente habla de ti a tus espaldas, ¡pero por lo menos tú y tu iglesia son lo suficientemente importantes para ser temas de conversación! La gente está interesada en la iglesia y en liderazgo efectivo para avanzar su misión.

El ministerio personal efectivo fluye de una integración compleja entre el llamado, el carácter y la aptitud, contextualizados para el crecimiento del reino en la comunidad local. Nuestra gran esperanza es que cada pastor busque a Dios con entrega total y vulnerabilidad a la formación del Espíritu para que su eficacia aumente. La eficacia pastoral se traduce a iglesias sanas y en crecimiento. Para ayudar a los pastores en la búsqueda de la eficacia, decidimos investigar qué es exactamente la eficacia. Esperamos que al proveer algunos asideros, el aumento para obtener mejor eficacia tal vez no será tan desalentador.

Mientras planeábamos cómo dirigir la pregunta, sabíamos que la adición de nuestras voces a las ya numerosas opiniones acerca del tema, podría confundir la situación, así que decidimos obtener un consenso entre un grupo de reconocidos expertos espirituales. De esta manera, podíamos realizar una imagen de la eficacia pastoral conjuntamente con un panel calificado basándonos en su sabiduría colectiva.

Pero, así como cambian las épocas, la iglesia también tiene que cambiar. Para que eso ocurra, los líderes, específicamente los pastores, tienen que crecer, aprender, desarrollar y extenderse a una eficacia mayor. Sin embargo, los resultados mixtos de salud y crecimiento entre las iglesias locales son indicadores de que esto no está ocurriendo.

Hace unos cuantos años, la Asociación de Escuelas Teológicas comenzó un proyecto para estudiar cómo fortalecer la conexión entre la educación seminarista y las necesidades de las iglesias. En el corazón del proyecto se encuentra la creencia de que se está desarrollando un abismo entre nuestras instituciones académicas y la iglesia: La manera en que entrenamos a pastores y líderes es menos y menos relevante para cumplir con las necesidades de las iglesias adónde los enviamos.

La pregunta que conduce el proyecto es, ¿de qué manera podemos disminuir la distancia cada vez más grande entre la educación teológica y las necesidades de la iglesia local?

Algo que destaca la distancia entre el éxito del seminario y la eficacia pastoral es la creciente proliferación de institutos de entrenamiento presentados por iglesias locales. Mientras, ciertas iglesias han alcanzado un crecimiento exorbitante, y han comenzado a entrenar a sus propios pastores, debido a la ineficacia que perciben en los líderes preparados por el seminario. Esta respuesta puede causar regocijo entre los líderes de iglesias que sienten que la iglesia debería de proveer entrenamiento basado solamente en las necesidades prácticas y funcionales del contexto actual, pero el error de este razonamiento es que se tienen que cavar pozos profundos para obtener un suministro continuo de agua fresca: Los líderes sumamente pragmáticos provenientes de estos institutos vocacionales a menudo se encuentran en necesidad de un pozo más profundo. Anhelan un conocimiento más amplio en el cual encajen sus actividades prácticas y del cual puedan impulsar sus ministerios. La disciplina de la mente, la búsqueda de la verdad y el hambre por la formación espiritual al final los lleva a reconsiderar la eficacia del entrenamiento puramente funcional.

## Retratos de la ineficacia

Nathan era un hombre muy bueno. Él tenía un poco más de 60 años de edad y había estado en el ministerio durante décadas. Sus hijos amaban al Señor y si alguien necesitaba un hombro sobre el cual llorar, el de él era el mejor. Él había sido pastor de una pequeña iglesia en el condado Orange por casi cinco años. Todo el mundo lo quería. Él quería a todo el mundo. No obstante, la iglesia simplemente no estaba creciendo, se estaba reduciendo en todos los aspectos. Algunos de los miembros comenzaron a preocuparse pensando que la iglesia iba a desaparecer.

Después de pasar bastante tiempo con Nathan, de reunirme con su junta y de visitar la iglesia, se me hizo evidente lo que tenía que ocurrir: Nathan tenía que renunciar. Suena severo, pero esa era la única manera en que la iglesia iba a tener una oportunidad de sobrevivir en el futuro.

Natán es un ejemplo perfecto de un pastor devoto, quien simplemente no tenía la aptitud para guiar a esa iglesia en un ministerio saludable y eficaz. El reconocimiento de su incompetencia no es una crítica de su carácter o un comentario acerca de su identidad como pastor; él es una persona devota y llena de gracia. (Y, gracias a Dios, su piedad lo ayudó a aceptar gentilmente la decisión de hacer un cambio en el liderazgo pastoral de esa iglesia).

Comenzando con esa decisión difícil, seguida por unas cuantas más, la iglesia del condado Orange es ahora una congregación próspera y sana que regularmente ve a muchas personas venir a la fe en Cristo. Es mucho más grande que antes y está impactando a la comunidad. Regularmente se entrenan a diferentes personas para que salgan y establezcan nuevas iglesias. Para guiar una iglesia eficazmente, se necesita más que la devoción. También es necesario ser competente.

* * *

Stuart era la gran esperanza de su clase en el seminario. Él poseía todas las características para ser una estrella. Era carismático, bien parecido, talentoso, un gran comunicador y tenía visión. Stuart tenía buenos grados en el seminario y era elogiado por profesores como un hallazgo excepcional en el liderazgo. Según se acercaba su graduación, era solicitado por líderes del distrito y se le ofrecían iglesias por todo el país. Todo el mundo sabía que Stuart iba en buen camino. Todo lo que él tocaba se convertía en oro.

Stuart se estableció en una iglesia pequeña de aproximadamente 35 personas. El crecimiento obviamente sería un reto, pero la iglesia estaba en un área de la ciudad sumamente atractiva y tenía buenas instalaciones. En cuestión de unos cuantos años, la iglesia estaba repleta, 950 miembros asistiendo a tres servicios. Conforme crecía su reputación, Stuart comenzó a participar en viajes al exterior. Él tomó todas las decisiones correctas, contrató a todo el personal adecuado y era el retrato perfecto de un ministerio exitoso. Los pastores viajaban desde todo el país para aprender las claves de su éxito, y Stuart tímidamente respondía preguntas de cómo ellos podían hacer lo mismo en sus ciudades.

A pesar de todo, la vida de esa iglesia cambió para siempre cuando el líder del distrito recibió una llamada telefónica reportando que Stuart estaba involucrado en una relación inapropiada. Se suspendió la ordenación de Stuart. Había algo seriamente incorrecto en los cimientos de su carácter, y cuando se expuso ese defecto, todo el castillo de arena se derrumbó. La iglesia recuperó su salud, pero las cicatrices aún son visibles: Confianza quebrantada, sentimientos de traición y el dolor se contempla en ese lugar.

Stuart era un líder sumamente competente. Él tenía las aptitudes. Fue exitoso en construir la institución. Pero para poder guiar eficazmente una iglesia, no es suficiente ser competente. También se requiere un carácter devoto.

## La eficacia: ¿Qué es?

Al describir la eficacia, es fácil alinearse con una sola perspectiva o definición directamente vinculada al éxito visible de una iglesia local. Si una iglesia hace un buen trabajo en términos de número de miembros, presupuesto y edificios, ¡entonces el pastor *debe* ser eficaz! Si el pastor es querido y respetado como sabio por los miembros, ¡entonces el pastor *debe* ser eficaz! Cualquiera de los dos extremos es una trampa: una conduce al éxito falso, la otra al fracaso racionalizado.

La eficacia en el ministerio pastoral puede definirse como *una integración cuidadosa entre ser competente y tener devoción en la vida de uno que es llamado por Dios a que guíe en la iglesia*. La devoción en el liderazgo involucra cuestiones de carácter y formación. Los líderes devotos están bien formados en su identidad en Cristo. Ellos demuestran un profundo conocimiento de sí mismos que reconoce la relación dinámica e integral entre *quiénes son* y *qué hacen*. Si hay una descomposición o una inconsistencia entre estos dos elementos, los líderes devotos lo observan rápidamente y actúan para resolver el problema. Estos líderes ven su identidad y su llamado como un siervo de Dios, reflejando a Cristo y extendiendo la obra de Dios en el mundo.

La competencia en el liderazgo involucra cuestiones de rendimiento y resultados. Los líderes competentes son talentosos, dotados, y también están conscientes de su posición, es decir, ven claramente el impacto que tienen su presencia y su liderazgo en la iglesia. Saben cuándo están impactando la iglesia positiva o negativamente o si no producen ningún impacto, y casi siempre son los primeros en reconocer cuándo tienen que dejar la iglesia y seguir adelante hacia otros horizontes. Debido a esta fuerte conciencia de impacto, los líderes aptos son bien utilizados: Ellos no permiten que los coloquen en posiciones donde se sentirán frustrados o donde le harán daño a la iglesia.

Aunque es tentador concluir que alguien es eficaz basándose en los resultados mensurables en la iglesia local, hacer esto vende el alma del ministerio pastoral a los comerciantes del éxito. Los pastores a menudo caen presa de esta trampa. Las preguntas que se hacen durante las conferencias de pastores apuntan a los valores interiores merodeando debajo de la superficie: «¿Qué tan grande es tu iglesia?» o «¿Cuál es tu presupuesto?» o «¿Cuál es tu salario?» Hasta nuestros sistemas de reporte y medida de responsabilidad a menudo alimentan este malentendido de salud y efectividad. Por un lado, se les dice a los pastores que desarrollen discípulos sanos en sus congregaciones, y por otro lado, se les manda reportes trimestrales cuadrando conversiones, bautismos, asistencia, presupuesto, deudas, membresía y cuotas. ¿Es extraño entonces que lo segundo se convierte en la definición de éxito y eficacia personal? Después de todo, esperamos lo que con frecuencia inspeccionamos.

En cambio, descartar señales importantes de que el crecimiento no se está llevando a cabo en el cuerpo de Cristo local, es también una equivocación. A menudo cuando un pastor se encuentra cara a cara con la realidad de que su liderazgo está fracasando en cumplir con sus propias expectativas o aquellas de los capataces o de sus compañeros pastores, es cuando comienza el «baile». Sucede algo parecido a lo siguiente:

«Bueno, no se convirtió nadie a Cristo, pero las personas que ya están comprometidas están madurando».

«No hemos crecido en número, pero estamos creciendo espiritualmente».

«No se han cultivado líderes, pero alguien tiene que ministrarle a los que se congregan».

«No hemos tenido ninguna división o ruptura y nuestro grupo está bien unido».

«No hemos disminuido, así que somos un grupo saludable».

¿*En serio?*

Algunas personas escriben libros expresando su convicción absoluta de que la eficacia pastoral debería de ser medida por el éxito o la decadencia de la iglesia local. Otros desprecian cualquier tipo de «medida» y argumentan que el solo hecho de ser una persona espiritualmente sana, resultará naturalmente eficaz como líder y será saludable para la iglesia. ¡Y todo el mundo está seguro de que su opinión es la correcta!

Bueno, nosotros también. La diferencia es que nosotros no hemos comenzado con suposiciones acerca de la eficacia en el liderazgo pastoral. No nos hemos atrevido a definir lo que es la eficacia y luego tratar de sustituir esa definición con nuestras opiniones personales. Simplemente hemos hecho la pregunta, ¿cuáles son las características de los pastores efectivos?, y hemos permitido que el aporte consensual de mentes sabias nos den la respuesta. Al pedir a los pastores que aumenten la eficacia, lo hacemos con un panel de expertos, todos impulsados por un llamado común del reino, que traen consigo una amplia experiencia de diferentes entornos ministeriales.

Pueda ser que digas: «Sí, pero ¿quién dice que son expertos?» Estupenda pregunta. En realidad, *tú lo hiciste*. Bueno, tal vez no tú específicamente, sino pastores como tú alrededor de los Estados Unidos. Se les preguntó a seis u ocho pastores en seis regiones diferentes qué percibían como un experto pastoral, a quiénes acudirían ellos para entender el llamado pastoral. Los resultados produjeron nuestro panel de nueve expertos, quienes juntos desarrollaron las *15 Características de los pastores efectivos*. (Mira el apéndice B para una descripción del proceso usado para desarrollar y validar las 15 Características).

El resultado demuestra que la eficacia no está limitada a las categorías de habilidades competentes más de lo que está limitada a las cualidades de devoción. Ambas dimensiones son integrales para la eficacia en los pastores. Además, es evidente que la eficacia no está directamente vinculada a los resultados de la iglesia local. El liderazgo pastoral eficaz puede estar presente hasta cuando la estadística no demuestra éxito empírico, así como la eficacia no está necesariamente presente solo porque la estadística es fuerte.

La eficacia tiene una cualidad evasiva de sinergia que se puede explicar solamente en la economía del reino. Es más que la devoción de carácter en la naturaleza de una persona. Es más que la brillantez de las habilidades de liderazgo de una persona. Es más que los resultados estadísticos de la iglesia local. La eficacia es todo esto y más, entretejido en la vida de una persona llamada por Dios.

No te estamos pidiendo que aceptes una definición ordenada de la eficacia pastoral. Lo más que *nosotros* podemos hacer es identificar características que nuestros expertos están de acuerdo son los indicadores de la eficacia en los pastores; al final, es Dios quien define y evalúa nuestra eficacia.

* * *

La Palabra de Dios y la historia de la iglesia proveen nuestro fundamento para un entendimiento exacto de lo que es en realidad un pastor eficaz. Un estudio de la Escritura revela que no hay ninguna definición explícita de las características de los pastores efectivos. Sí existe, sin embargo, un vistazo del carácter y de la misión de los pastores *fieles*. La Escritura también presenta una imagen clara de pastores ineficaces y hasta engañosos. Un resumen de algunos de estos pasajes puede centrar nuestro pensamiento en la idea de Dios de la eficacia.

Además de la Escritura, los fundamentos de la eficacia pastoral han sido formados y guiados por la tradición de la iglesia, lo cual pone al corriente nuestro entendimiento hoy día. Unos pocos líderes devotos en particular son ejemplos de esta influencia dinámica. Encontrarás breves instantáneas de algunos pasajes bíblicos importantes y de líderes históricos de la iglesia, en la página entre cada característica; permite que estos ejemplos iluminen tu camino hacia el pastorado eficaz.

El liderazgo es una cuestión de administración. Permitir al carácter, que Dios está formando en nosotros, encontrar expresión en nuestros talentos, dones y pasiones es una manera de administrar la confianza que Dios ha colocado en nosotros.

Peter Drucker describe la diferencia entre la eficiencia y la eficacia en términos de actividades: La eficiencia es hacer las cosas correctamente, mientras *que la eficacia es hacer las cosas correctas*. Es un buen contraste que nos recuerda el valor del liderazgo estratégico, aunque este ingenioso giro idiomático no capta por completo la naturaleza de la eficacia en el ministerio pastoral. La eficacia pastoral es mucho más que «hacer cosas», aunque sean las cosas correctas, hechas correctamente. La eficacia en la economía del reino de Dios es tanto acerca de la *identidad* como acerca de las *actividades*. Quienes somos es igual de importante a lo que hacemos. Reunir estos elementos en integración cuidadosa y sinergia espiritual es la raíz del liderazgo efectivo en la iglesia.

Mientras reflexionas acerca de las 15 Características, por favor recuerda que no deben ser usadas como una lista, *son descriptivas*. Es el Espíritu Santo quien moldea nuestras vidas mientras buscamos a Cristo, y es solamente cuando nos entregamos a él en humildad que las características se convierten en la consecuencia natural.

Busca a Cristo primero. Con toda tu vida, sométete a ti mismo en la obra continua del Espíritu Santo para moldearte en la imagen de Cristo. Manténte al tanto de tu condición y de tus deficiencias, pero frente a la ineficacia, no tomes en tus propias manos la tarea reservada para Dios: *formarte a ti*. Apóyate con toda tu fuerza en la eficacia, pero recuerda que esta comienza con la búsqueda de Dios, quien da forma a las características en ti para el bien del reino.

## Característica 1

# LA GRACIA Y EL DESARROLLO:
*Posee una experiencia intensa de la gracia y del desarrollo de Dios en su camino cristiano*

Un café con leche grande y extra caliente casi siempre me cae estupendamente cuando lo necesito. Creo que me siento más abierto al Espíritu Santo si incluyo un café con leche en mis devociones matutinas; el Espíritu Santo es mi ayudante, pero al parecer él se siente mejor con cafeína.

Admito que no entiendo a las personas que voluntariamente escogen café sin cafeína. Son como médicos que fuman, bomberos que les permiten a sus hijos jugar con fósforos o empleados de la compañía Boeing que tienen miedo de volar. Existe una incongruencia que levanta sospechas en mi mente.

Mi amigo dice: «Me fascina el café. Me fascina el olor del café, el sabor del café, el calor del café», pero lo toma descafeinado porque «puedo funcionar igual sin la sacudida». Bromeo con él acerca de que se está perdiendo el poder del grano y la bendición de todos esos antioxidantes. (No soy un adicto, ¡pero sí disfruto de la inyección de cafeína!). Él se está perdiendo la verdadera experiencia, no está experimentado lo que verdaderamente *es* un café con leche.

Los pastores efectivos tienen una vívida experiencia de la gracia y del desarrollo de Dios en su camino cristiano. Ellos rechazan el cristianismo descafeinado. Los clichés, sabores, olores, canciones y símbolos cristianos del éxito no son lo suficiente para ellos. Ellos no están contentos sin la patada, la sacudida y la inyección de cafeína de la verdadera gracia. Poseen una comprensión cada vez mayor de su necesidad personal de la gracia diaria de Dios en sus vidas, y esta necesidad los motiva a buscar continuamente el desarrollo espiritual personal.

Dar tu vida hoy por un recuerdo descolorido en el álbum de recortes de tu pasado no es ni convincente ni auténtico. Comunicar una realidad que se ha aprendido de un libro, o que solo ha sido *verdadera* para otra persona, es gracia descafeinada. El poder del ministerio eficaz es la integridad de la interacción entre el mensajero y el mensaje. ¿Es la nueva gracia en la vida de aquel que proclama gracia al mundo? ¿Está salvando al mensajero la salvación que se predica hoy?

Experimentar la gracia de Dios es como un caleidoscopio. Te asomas y ves una exposición colorida de belleza, luego lo agitas o lo giras y los mismos ingredientes crean un completamente nuevo retrato colorido. En el ministerio pastoral, la gracia es algo multifacético y comparte su luz de varias maneras: Nosotros vivimos en, y dependemos de la gracia de la verdad, la salvación, el perdón de Dios, el favor de Dios, la presencia de Dios, la bendición de Dios y la ayuda de Dios.

Es fácil reducir la gracia a un concepto teológico, pero una vida gobernada por la gracia es vibrante y poderosa para el ministerio. La gracia tiene que ser experimentada, no como una noción abstracta sino como la moneda del reino que anima tu jornada con Dios. Hay cinco grandes ideas que son centrales para una experiencia vívida de la gracia de Dios en el ministerio pastoral.

## 1. La gracia de la credibilidad

Los pastores efectivos, mientras aprecian la afirmación de la iglesia y la preparación de estudios, ven cómo sus más importantes credenciales de ministerio son la vitalidad de la gracia en sus propias vidas. Una conciencia de la gracia comienza, sostiene y forma el curso completo del ministerio; este sentido de necesidad y dependencia en Dios es la postura que tiene que asumir y mantener un pastor.

La gracia es igual de necesaria para un pastor como la ropa que viste. Muchos de los pastores con lo que yo he charlado, tienen una pesadilla en común y es que se encuentran de pie en el púlpito para predicar, y de pronto se dan cuenta de que solo tienen puesta su ropa interior. ¡Las expresiones de conmoción de la congregación hacen obvio el hecho de que su estado casi desnudo no ha pasado inadvertido!

Sin una experiencia vívida de la gracia, esta pesadilla es, en efecto, verdadera. Muchas veces la experiencia de la gracia se va deteriorando tan lentamente que no se detecta, y la efectividad del ministerio gradualmente decrece hasta que llega el momento de la cruda realidad: «Estoy impotente. Estoy desnudo. Soy ineficaz». Aunque sea dolorosa la comprensión, por lo menos se ha identificado el problema y el pastor puede dar los primeros pasos hacia el cambio; los desafortunados son aquellos que nunca se dan cuenta de que la gracia vibrante ya no está presente. Continúan con la vida cotidiana mientras siguen atrapados en la ineficacia.

La primera descripción de la relación entre el joven Jesús y su Padre describe este retrato de la credibilidad madura de la gracia: «El niño crecía y se fortalecía; progresaba en sabiduría, y la gracia de Dios lo acompañaba» (Lucas 2:40). Jesús es descrito dos décadas después como uno quien estaba «lleno de gracia y de verdad» (Juan 1:14).

Los primeros apóstoles cargaron este manto de gracia: «Los apóstoles, a su vez, con gran poder seguían dando testimonio de la resurrección del Señor Jesús. La gracia de Dios se derramaba abundantemente sobre todos ellos» (Hechos 4:33). Esteban fue descrito como un «hombre lleno de la gracia y del poder de Dios [quien] hacía grandes prodigios y señales milagrosas entre el pueblo» (Hechos 6:8). Pablo inextricablemente vinculó la gracia con su llamado al ministerio: «Por medio de él, y en honor a su nombre, recibimos el don apostólico para persuadir a todas la naciones que obedezcan a la fe» (Romanos 1:5).

¡El ministro más efectivo en la historia del evangelio estableció su credibilidad solamente de la gracia! Pablo se presentó a sí mismo de la siguiente manera: «Este mensaje es digno de crédito y merece ser aceptado por todos: que Cristo Jesús vino al mundo a salvar a los pecadores, de los cuales yo soy el primero. Pero precisamente por eso Dios fue misericordioso conmigo, a fin de que en mí, el peor de los pecadores, pudiera Cristo Jesús mostrar su infinita bondad. Así vengo a ser ejemplo para los que, creyendo en él, recibirán la vida eterna» (1Timoteo 1:15-16). Si Pablo hubiera sido un compositor de canciones, le hubiera ganado a John Newton los derechos de reproducción de «Sublime gracia». Fue la gracia la que salvó a un infeliz, le enseñó a vencer sus dudas, ahuyentó y lo libró de peligros, luchas y aflicción. La gracia lo salvó. La gracia lo eligió. La gracia lo restauró. La gracia le dio fortaleza. La gracia lo cuidó. La gracia, la amabilidad y la presencia no merecida de Dios, hizo esto por Pablo. Su vida se cafeinó con gracia.

Ministrar desde una posición formada por la recepción de la gracia radical imparte un sabor distinto e innegable al pastorado. Humilla al mensajero. Simplifica el mensaje. Envalentona la entrega. En estos días fatigosos de predicadores famosos, iglesias enormes del tamaño de un estadio, prolíficos académicos y practicantes que comparan las iglesias como comparan artículos de vestuarios, es vigorizante regresar a la simplicidad de la gracia por si sola, a través de la fe por si sola, solamente en Cristo. Ese es el currículum que de verdad cuenta. Un título universitario se puede ganar y la ordenación se puede lograr, pero la gracia solo se puede creer y recibir.

La distribución que hace Dios de la gracia es incondicional y constante, pero nuestra recepción es selectiva y esporádica. Nuestra recepción personal de la gracia tiene que renovarse diariamente. La nueva gracia estimula la gratitud y la sorpresa que nos anima a compartir la verdad con autenticidad, a compartir la gracia de la novedad de nuestra propia experiencia. Podemos creíblemente comunicar sublime gracia solo cuando hemos sido recientemente sobrecogidos por ella.

Para prevenir que la pesadilla se vuelva realidad, los pastores deben de mantener la bata de la gracia cerca de la puerta principal de nuestros hogares. Sin ella, *deberíamos* de avergonzarnos de andar en público. Cuando los pastores están vestidos solo con el traje nuevo del emperador, no es una gran sorpresa que el ministerio sea una pesadilla.

## 2. La gracia de la limpieza

Un sentido profundo de gratitud por la gracia de la cruz es lo que conduce al pastor eficaz, reverberando de un corazón agudamente conciente *de dónde* Dios nos ha rescatado: «Dónde estuve» y «Dónde pude haber estado». La muy trillada historia de D. L. Moody viendo al vagabundo en la alcantarilla todavía debería de resonar en la mente de cada pastor. Cuando alguien ofendió al borracho, Moody pronunció con sentimiento profundo: «Pero por la gracia de Dios, ahí voy yo».

Al crecer en un hogar cristiano y con una familia extremadamente limpia dejó poco sentido de sobrecogimiento en mí por la grandeza de la gracia de Dios. La ley de Dios era mi amiga porque podía confiar en que era previsible y me recompensaría por el buen comportamiento. No fue hasta que llegué a los 20 años (después de unos cuantos desvíos pecaminosos) que la gracia de la cruz se cafeinó para mí. «Toda la tierra que me rodea es arena» era una realidad, no solo un himno de la Escuela Dominical. Mi mundo entero se había convertido en una fosa de arena; no había ningún lugar seguro para pararse excepto bajo la cruz.

Viviendo es ese lugar de desesperación y descubrimiento, oré: «Hazlo verdadero y hazlo duradero… no permitas que ningún otro lugar en la Tierra se sienta seguro, satisfactorio o sólido». Con solo unos pocos obstáculos espirituales, esa oración ha sido contestada. La gracia de la cruz me conmueve profundamente porque sé que la necesito urgentemente. Me levanta diariamente cuando caigo. El compromiso con la gracia me permite hablar acerca de ella con la autenticidad de la experiencia personal.

Es esta gracia la que limpia a un pastor de su fracasos semanales y lo fortalece para que se pare una vez más ante la santidad del púlpito. Pararse allí bajo el mérito de su propio buen comportamiento es una locura. El buen comportamiento nos otorga estrellitas de oro en la Escuela Dominical, pero es miserablemente incapaz de obtener el poder de Dios para el púlpito. Ese trabajo está reservado para la cruz.

La cruz tiene que ser el eje central para el pastor eficaz, el lugar alrededor del cual el resto de la vida y el ministerio giren. En mi equipo de baloncesto, durante la escuela secundaria, nuestro entrenador nos enseñó como mantener plantado el pie pívot. Nos gritaba: «caballeros, ¡se pueden mover en cualquier dirección que quieran mientras que no muevan ese pie!» El ministerio nos puede llevar en cientos de direcciones, pero la gracia nos mantiene el pie plantado firmemente en la cruz.

Cuando la gracia recién llega a tu vida, se convierte en la respuesta natural de tus necesidades y de los pecados de otros. Un pastor eficaz no ofrece soluciones legales para los problemas complicados de la gente; en vez de eso, ofrece la misma gracia con la que él está viviendo. Levanta la mirada de la culpabilidad hacia la misericordia de la cruz, y esta solución llena de gracia se convierte en el sello de su ministerio. Sus propios encuentros diarios con la gracia le dan la autoridad para repartirla libremente.

## 3. La gracia de la renovación

El cinismo es un riesgo laboral del ministerio. Deberían de distribuir cascos de seguridad como los que usan los obreros para proteger a los pastores de los escombros de compromisos que les caen:

- El enérgico recién llegado que se comprometió hace un año a revitalizar el ministerio infantil y que ahora le ayuda a la enorme iglesia local a convertir a su propiedad «*Ame a un niño*» en la fama del pueblo.

- El empresario millonario que pone su abrazo alrededor de tus hombros y te dice, «pastor, arreglaremos este lugar», pero que en realidad quiere decir, «yo pagaré por él si se hace a mi manera».

- El guerrero de oración que lleva tus secretos a Dios, y luego al resto de la congregación.

- La pareja dinámica que da clases al grupo de jóvenes casados hasta que descubres que él tiene una aventura amorosa.

Endurecer nuestros corazones contra los escombros de promesas rotas puede parecer la única estrategia de supervivencia, pero el lujo del cinismo llega a un precio que ningún pastor puede pagar. La alternativa saludable es experimentar la gracia de Dios de manera compasiva y duradera. La gracia de Dios repara los bordes toscos de un corazón gastado por la desilusión y renueva el alma fatigada que argumenta contra soportar una carga más.

No solo son las promesas no cumplidas de otras personas que son una desilusión, ¡los mismos pastores no pueden cumplir con sus propias promesas! Casi toda serie de juramentos de ordenación incluye declaraciones que, a pesar de nuestros mejores esfuerzos, fallamos miserablemente en cumplir. Las deficiencias de los pastores rápidamente se pueden convertir en el combustible que usa el enemigo para quebrantarnos. La fea realidad de la impaciencia o del egoísmo o de la glotonería que aparece el sábado por la noche es como una espinilla enorme que aparece la noche antes del baile de graduación: Te hace querer cancelar tu cita del domingo.

La gracia no es menos suficiente para el pastor que para el miembro de la congregación. Mientras que existen patrones de conducta que deberían de descalificar a un pastor de su posición, la mayoría de los pastores necesitan predicarse los sermones de gracia a sí mismos. La gracia califica a un pastor a pararse frente a la congregación después de una semana de fracasos, y valientemente declarar el Evangelio. Si un grado mínimo de rectitud fuera un prerrequisito para predicar los domingos, los púlpitos quedarían en silencio. Si predicamos acerca de nuestra propia rectitud, no tenemos un mensaje de autoridad, aunque estemos viviendo rectamente. Pablo lo dijo claro en 2 Corintios 4:5 que «no nos predicamos a nosotros mismos sino a Jesucristo como Señor». Venimos al trono de la gracia para recibir misericordia en nuestro momento de necesidad (ver Hebreos 4:16). Los pastores sabios corren hacia el trono de la gracia cuando pecan en vez de «hacer un Adán» y esconderse de Dios. Esta pregunta de adonde recurrimos cuando nos equivocamos es importante contestarla correctamente: Si evitamos a Dios, negamos nuestro pecado, nos castigamos a nosotros mismos o tratamos de racionalizar el acto, estamos en problemas. Aceptar la gracia es la única respuesta segura al pecado.

Cuando Pablo se sintió desilusionado porque Dios no le quitaría el aguijón de la carne, él escuchó al Señor hablarle en oración. Las palabras de Dios fueron tan decepcionantes como victoriosas: El problema no desaparecería, pero su gracia era más que suficiente para ayudarlo a soportar la situación. ¿La respuesta de Pablo? «Por lo tanto, gustosamente haré más bien alarde de mis debilidades, para que permanezca sobre mí el poder de Cristo» (2 Corintios 12:9).

El anuncio televisivo que representa una zambullida en té frío representa la cercanía refrescante de la gracia. Una persona sudando, sedienta y con mucho calor deposita unas cuantas monedas en una máquina automática. Cuando sale una botella de té frío, una piscina de agua fresca aparece en el fondo. Mientras bebe el té, ella cae de espalda y se llena de alegría. ¡Qué imagen más irresistible de la gracia! Igual que la piscina, la gracia aparece sin esfuerzo; nuestro papel es caer en ella, disfrutarla y dejar que nos cambie.

## 4. La gracia de la provisión

La gracia de Dios pone a nuestra disposición todas las provisiones que necesitamos en este lugar y en este momento. Los pastores efectivos dependen de estos recursos y saben que sin ellos están en problemas.

La gracia trae la situación ante la presencia de Dios. Pablo enfatiza esto en 2 Corintios 9:8: «Y Dios puede hacer que toda gracia abunde para ustedes, de manera que siempre, en toda circunstancia, tengan todo lo necesario, y toda buena obra abunde en ustedes». *Toda* gracia, en *toda* cosa, en *todo* momento, tener *todo* lo que necesitas, esta es la gracia de la provisión.

La gracia se expone poderosamente en el relato de Elías en el arroyo de Querit. Después de presentar un sermón controversial que su congregación despreció, Dios le dijo a Elías que se encaminara unos 24 kilómetros dentro del desierto (¡donde se despiertan muchos pastores el lunes por la mañana!). La gracia de Dios había preparado un inesperado retiro espiritual para Elías; los pájaros de entrega de alimento a domicilio sabían exactamente donde él se estaba quedando. Con dos entregas llenas de gracia cada día, Elías estaba provisto, restaurado y fortalecido para su próximo sermón.

Elías fue enviado a kilómetros del Starbucks, McDonalds o 7-Eleven más cercano. Él estaba desamparado a menos que el amparo llegara del cielo, y era obvio para él que se encontraba en un estado de dependencia completa de la gracia de Dios. Pero a menudo no es obvio para los pastores que *nosotros* estamos viviendo en el arroyo de Querit, un lugar de dependencia pura en Dios. Después de todo, ¡hay libros, revistas, DVDs y seminarios para llenarnos! ¡Los mejores sermones de los predicadores más reconocidos solo están a un clic y a unos cuantos dólares de distancia! Pero la confianza en otros sistemas de entrega puede dificultar el suministro de la gracia. Tanto Santiago como Pedro declararon que Dios se opone a los orgullosos y les da gracia a los humildes (ver Santiago 4:6 y 1 Pedro 5:5). Cualquier sentido de autosuficiencia puede bloquear la gracia disponible de Dios.

Constantemente tenemos que volver a plantear la pregunta: «¿Estoy haciendo algo *para* Dios o algo *con* Dios?» Hacer las cosas *para* Dios coloca el énfasis sobre *mí* y me convierte en un héroe a *mí*. Reemplaza la gracia de Dios con mis propias obras. Hacer las cosas *con* Dios, por otra parte, fuerza una dependencia en Dios de proveer dirección para la misión y las provisiones para llevarla a cabo. Es de la gracia que fluyen los dones del Espíritu. Pablo nos recuerda que «tenemos dones diferentes, según la gracia que se nos ha dado» (Romanos 12:6). A través de la gracia, tenemos todo lo necesario para llevar a cabo nuestra única misión.

## 5. La gracia del desarrollo

Nuestro panel de expertos estuvo claro en que la Característica 1, no era solamente recibir la gracia sino también una *experiencia creciente* de la gracia. El apóstol Pedro escribió que el desarrollo no es opcional: «crezcan en la gracia y en el conocimiento de nuestro Señor y Salvador Jesucristo» (2 Pedro 3:18). La gracia que hemos recibido es un regalo que se debe extender, desarrollar y cultivar.

Esta experiencia continua de gracia es como cultivar en la jungla: La gracia crea claridad, pero si se deja, la maleza del pecado inicia su ataque insidioso para apoderarse del área limpia. Según las circunstancias de la vida van presentandose nuevos retos, hay que utilizar nuevas dimensiones de la gracia de Dios para crear una claridad más grande, ¡o al menos crear un camino a través del bosque! El territorio de la gracia se extiende en nuestros corazones mientras que la exploración de la vida conduce hacia caminos previamente inexplorados. Algunos caminos se van creando como parte ineludible de la vida, la pérdida de seres queridos, enfermedades, sorpresas económicas. Otros aparecen cuando deliberadamente nos aventuramos en lugares desconocidos para adelantar la misión de Dios. Si estamos viviendo vidas dependientes de la gracia, andamos con gusto por esos nuevos caminos para poder cultivar un nuevo desarrollo en nuestras vidas.

Cuando mi esposa fue diagnosticada de repente con una forma agresiva y rara de cáncer, inicialmente me aturdí en un adormecimiento del alma. Entonces, olas de terror irrumpieron sobre mí; ni mi sabiduría ni mi entrenamiento fueron capaces de mantenerme a flote. La gracia en la cual había navegado hasta el momento no era suficiente para el nuevo mar de temores, pero mientras nuestra iglesia oraba, y yo le suplicaba a Dios que me diera un nuevo «bote salvavidas» de gracia, Dios hizo eso exactamente: Yo navegaba en aguas oscuras tratando de mantenerme a flote con las olas cayendo sobre mi cabeza, sin embargo, estaba seco y a flote.

Los pastores tienen una tendencia a estabilizarse en su desarrollo espiritual. Comenzamos a repetir lo mismo año tras año, en vez de vivir un año nuevo con Dios. Nos sentimos a gusto con nuestras debilidades y hacemos una tregua con nuestros problemas pecaminosos. La gracia del desarrollo, sin embargo, demanda la autorevelación. La gracia revela mi pecado, mi inmadurez y mis patrones enfermizos de comportamiento, y luego ofrece el perdón y el poder para cambiar. Conforme vamos apropiándonos de la gracia, esta comienza a transformar aspectos de la inmadurez.

Recientemente recibí una tarjeta para mi cumpleaños que tenía en el frente unos hippies de los años sesenta cantando. Abrí la tarjeta y decía, «alguien envejece, Señor, ¡kum-ba-ya!» La pregunta no es «¿estamos envejeciendo?» sino más bien «¿estamos *cambiando*?» Para parafrasear a Pablo, ¿estamos dejando de lado las maneras infantiles o es que nuestro hablar y nuestro pensamiento están atascados en alguna etapa previa del desarrollo (ver 1 Corintios 13:11)?

La pared del Starbucks donde escribo tiene pintada una conversación entre dos sirenas griegas. La conversación termina con estas palabras: «Porque es solamente cuando ellos dejan de crecer que se envejecen los humanos». El teólogo y pastor del siglo XIX, Horace Bushnell, hizo una observación similar: «Donde se detiene el crecimiento, comienza la muerte».

El pastor Al es un amigo que era un pastor sumamente eficaz. Él es un héroe dentro del círculo de personas que lo conocen, y me siento bendecido de estar dentro de ese círculo. Al es un héroe para mí debido a la vida de gracia que ha tenido y modelado. Él se ha negado a envejecer, por el contrario ha continuado creciendo. El día de su cumpleaños número ochenta, ¡esquió en agua para celebrar! Un par de años después, vi a Al temprano por la mañana caminando con su esposa por 60 años tomados de la mano; habían caminado varios kilómetros para realizar sus devociones en el muelle de Huntington Beach.

La última vez que vi a Al, estaba guiando a un grupo de jóvenes casados, ¡algunos de hasta de seis décadas menores que él!, y recientemente había estado visitando una iglesia emergente cerca de su hogar. A los 82 años, Al estaba aprendiendo algo nuevo. La vitalidad de la gracia en la vida de Al brillaba en sus ojos y chispeaba en su sonrisa. Él aún tenía sueños de cómo Dios lo usaría para el resto de su vida. Una vez alguien escribió: «Una persona no es anciana hasta que sus memorias se vuelven más importantes que sus sueños». La vida de Al me recuerda Hechos 2:17, el cual promete sueños para los ancianos.

La experiencia vívida que tuvo Al de la gracia y del desarrollo no surgió de una tranquila carrera en el ministerio, libre de problemas. De hecho, justamente lo opuesto: Dificultades en la iglesia, retos con los miembros de la junta, problemas con el personal, líos económicos y problemas personales de salud fueron parte de la vida y del ministerio de Al. No obstante, todos esos problemas fueron situaciones en las cuales él adoptó la gracia. Su decisión de colocar la gracia como el eje central de su ministerio fue lo que le permitió florecer, mientras que a su alrededor sus compañeros se marchitaban.

Los pastores enfrentan los problemas del ministerio con una perspectiva de *escape*, *administración* o *crecimiento*. La primera reacción es escapar, huir del problema antes de que aumente el dolor. Evitar el conflicto puede parecer como el camino más seguro para viajar, pero es un camino que no conduce a ninguna parte. El crecimiento nunca ocurre en un camino sin obstáculos; ¡eso sería como hacer ejercicios sentado en un sillón comiendo papas fritas! Es muy agradable, pero es completamente contraproducente.

La segunda respuesta es administrar la dificultad, mantenerla a distancia, y así evitar acercarse al caos. Con esta opción, un pastor protege su corazón de involucrarse en el dolor, la decepción o el engaño, y al rechazar adentrarse en las emociones que conlleva el problema, se mantiene lejos de la posibilidad del crecimiento. La gracia solo puede llegar tan profundamente como su vulnerabilidad, y administrar estoicamente la dificultad, lo mantiene sobre un enfermizo pedestal que le lleva a ser más pastor que persona. Tal respuesta demuestra confianza en sí mismo en lugar de dependencia de la gracia, y esto causa una ruptura malsana entre él y su iglesia.

Una tercera opción es aceptar la prueba con la ayuda de la gracia. Un pastor permite que la gracia de Dios le ayude a abrazar las circunstancias para sentir el dolor, y bajarse del pedestal para ser un estudiante en la escuela del dolor. Pregunta: «¿De qué manera mora Dios en medio de esto? ¿Cómo se va a manifestar el reino de Dios mientras espero y aguanto? ¿De qué manera está Dios formando las dimensiones interiores de mi corazón mientras me niego a huir? ¿Cómo se va a presentar la gracia de Dios aquí?».

Los líderes efectivos buscan lecciones nuevas que los ayudará a seguir desarrollandose, que llevarán sus corazones y sus mentes a niveles más altos de madurez. Piden la gracia para continuar creciendo, y no solo envejecer. El pastor eficaz es más un estudiante que un maestro. Cuando esa prioridad se invierte, comienza un descenso gradual a aparentar «ser piadosos, pero su conducta desmentirá el poder de la piedad» (2 Timoteo 3:5). Si las lecciones que se preparan no son primero entregadas al alma del pastor, estas dejan de ser dones de gracia y se convierten en exposiciones de arrogancia. Son como la caja de chocolates que tu hermano encontró primero: ahí están los papeles bonitos, pero lo que realmente valía ha desaparecido.

Cada líder cristiano reconocido que fracasa, sirve para recordarnos sobre los peligros de predicarle la gracia al resto del mundo, menos a nosotros mismos. Eso se conoce como «Destino: Engaño». Destino: Engaño ocurre cuando un pastor siente que ha alcanzado un lugar adecuado de madurez espiritual. Él puede incluso desarrollar un sentido de derecho porque se ha sacrificado y ha trabajado muy duro para el reino; ¡Dios sin duda disculpará unos cuantos viajes de placer profanos! Él puede que llegue a sentir que ha llegado a un nivel donde no necesita aplicar cuidadosamente lo que le predica a otros; lo único que le queda por hacer es ayudar a otros a alcanzar su mismo nivel de santidad. El engaño de que ha llegado a su destino, lo hace creer que puede permanecer en el mismo lugar.

Aterrizar en el aeropuerto de Seattle-Tacoma siempre me daba mucho gusto cuando era joven. En la explanada satélite había una larga escalera mecánica que casi siempre estaba desierta, y me encantaba correr hacia arriba por la escalera que descendía. No era muy difícil llegar hasta arriba al menos que dejara de moverme. Si me quedaba quieto, no me quedaba en el mismo lugar, más bien perdía terreno. O me mantenía subiendo o era llevado hacia abajo.

El ministerio es como correr hacia arriba sobre una escalera que desciende. No es difícil subir hasta que comienzas a creer que puedes dejar de crecer y seguir escalando. La gracia es el favor de Dios llamándote hacia arriba, llamándote hacia la persona en que te puedes convertir.

Los pastores que viven en la gracia son como copas de cristal: Si son verdaderas, emiten sonido cuando frotas tu dedo en el borde. La autenticidad se confirma por el canto que produce cuando se frota. La gracia crea una vida que canta cuando es frotada por las realidades del ministerio. Sin la gracia, el ministerio solo puede ser mantenido y disimulado por los esfuerzos de una persona jugando a ser pastor.

* * *

Helado sin grasa, mitad crema y mitad leche, y sin azúcar, papas fritas sin sal, hamburguesas vegetarianas, café descafeinado: A todos les hace falta el ingrediente que los define. A diferencia de estos substitutos sin sentido, los pastores efectivos auténticamente se encuentran con la gracia: el ingrediente esencial para el ministerio. Sin él, el ministerio no tiene esperanzas de causar la sacudida que necesita el mundo. Sin él, el ministerio no tiene el ingrediente que lo caracteriza.

Pastor, tú eres un líder que Dios ha llamado para mantener la gracia siempre presente en la salud de tu congregación, y esta tiene que ser una experiencia vívida en tu propia vida para poder proclamarla.

## FUNDAMENTOS BÍBLICOS

### EZEQUIEL 34

En Ezequiel 34, el Señor pronuncia juicio sobre los pastores de Israel. El juicio es debido a que estos pastores «sólo se cuidan a sí mismos» y no «cuida[n] al rebaño» (vv. 2-3). Los cargos específicos son que no ayudan a los débiles, a los enfermos o a los heridos; no rescatan a los descarriados ni a los perdidos; y guían al rebaño de manera brusca, beneficiándose a sí mismos con lo mejor de lo que ofrece el rebaño (ver vv. 3-4). Debido a estos defectos, se dispersa el rebaño, y los pastores enfrentarán sus responsabilidades. El Señor rescatará a las ovejas, las cuidará y sanará a las heridas y a las débiles (ver vv. 11-12,16).

Por el contrario, los pastores de ovejas efectivas cumplen un papel de autoridad delegada, extensiones del papel de pastor preeminente de Dios. Colocan el bienestar de las ovejas sobre el propio y cuidan de las lastimadas, las enfermas, las heridas y las perdidas. Previenen la dispersión de sus rebaños proveyendo dirección, administrando corrección y creando unidad. Estos pastores mezclan el cuidado generoso con un liderazgo claro.

## Característica 2

# EL AMOR A DIOS:
*Posee un amor profundo y personal a Dios*

A las dos de la mañana sobre una extensión desolada de la interestatal I-40 en el desierto de Arizona, el Señor me susurró. Dieciséis horas antes me había montado en mi Jeep, había puesto la fotografía de mi prometida en el asiento junto al mío y me había ido en dirección a Los Ángeles donde ella estaba esperándome. Mi pasión por ella estaba a su máxima intensidad. Esa chica rubia de la costa había capturado el corazón de este chico granjero de Kansas. Yo tenía un nuevo entendimiento del concepto «pasión», y mi pasión me permitía detenerme solamente por razones obligatorias, como comprar gasolina o ir al baño.

Tal vez los perros calientes que compraba de camino contribuyeron a mi revelación, pero el Señor sin duda me estaba hablando: «¡La manera en que tú te sientes hacia ella es cómo me siento yo acerca de ti y cómo quiero que tú te sientas hacia mí!».

A Dios le encanta usar desiertos y oscuridades para acaparar la atención de sus siervos. Esa noche en la oscuridad de Arizona a 112 kilómetros por hora, hice una oración seria de compromiso: «Dios, recibo tu pasión por mí. Decido dejar que la pasión por ti sea la marca principal de mi vida». La búsqueda de cómo cumplir esa oración ha moldeado mi ministerio dramáticamente.

Como pastor de jóvenes con veinte años de edad y ansioso de impactar vidas y dejar mi marca única en el mundo del ministerio, la falta de entusiasmo no era mi problema. La pregunta era si mi fervor estaba correctamente enfocado. ¿Estaba mi pasión mal dirigida hacia las posibilidades de mi ministerio, la rectitud de la causa del cristianismo, la aventura de involucrar los poderes a mi alrededor en un tiroteo espiritual, una fanfarronada de «yo les enseñaré cómo hacerlo», o la pobreza de mi propio ego? ¿O estaba mi pasión enfocada en primer lugar en la persona de Dios, la intimidad personal con mi Rey y el privilegio de revelarle su belleza al mundo quebrantado que me rodeaba?

## Dios nos ama primero

Los pastores verdaderamente efectivos descubren y se deleitan en la pasión que tiene Dios por ellos. Establecen el desarrollo de su relación de amor personal con Dios como su prioridad. Ven el «éxito en el ministerio» como una imitación barata de lo que desean en realidad: un compromiso diario de su corazón con Dios. Nuestro panel de expertos clasificaron la Característica #2 como la más alta para los pastores que tienen ministerios que son efectivos a largo plazo. Cualquier ejercicio que se antepone al desarrollo de este rasgo esencial socava la verdadera eficacia del pastor. Sin un amor fuerte, profundo y personal por Dios, el ministerio se encuentra en peligro constante de recaer en ambición, y el ministerio como un «trabajo» hace tambalear la eficacia del pastor.

El amor por Dios es la satisfacción y el descanso que cada pastor ansía. En algún lugar recóndito y callado del alma del pastor está la convicción de que ningún éxito, ningún aumento, ninguna placa o premio sectario puede reemplazar la realidad absoluta de la relación con Dios. Por años les he dicho a los reclutas jóvenes que entran a las filas pastorales: «El ministerio tiene que ser el desbordamiento de su vida de amor personal con Jesús. Si la gente está recibiendo lo que Dios debería de estar recibiendo, entonces todo el mundo está recibiendo la peor parte».

El Salmo 19 señala que Dios nos comunica su presencia a través de la creación. La salida del sol, las flores, la risa de un bebé, la cola alegre de un perro, una canción favorita, una ducha caliente, una comida sabrosa, el abrazo de tu pareja, una brisa fresca, la arena entre los dedos de tus pies, el sol en tu cara… todo esto puede trascender su valor superficial y convertirse en susurros del amor que tiene Dios por nosotros. La pasión de Dios es comunicada en innumerables maneras, pero si no despertamos, pasaremos de prisa por estas notas de amor mientras esperamos que los fuegos artificiales divinos nos dejen anonadados.

## El amor antes del cargo

El pastor eficaz recibe y después devuelve su amor a Dios. Él busca y adopta emociones profundas y personales hacia el Señor. La relación de amor que los antiguos santos tenían con Dios capta su imaginación y se convierte en su deseo. La prioridad del rey David se convierte en la suya: «Una sola cosa que le pido al Señor, y es lo único que persigo: habitar en la casa del Señor todos los días de mi vida, para contemplar la hermosura del Señor y recrearme en su templo» (Salmo 27:4).

Los pastores que se olvidan de que son ovejas antes de ser pastores no captarán esta pasión que entendió y disfrutó David. La danza del olvido de sí mismo que hace el salmista rey frente al arca de Dios es un recordatorio para los líderes espirituales de no permitir ser definidos por sus papeles. La esposa de David, Mical, quedó horrorizada de que cómo el rey podía fácilmente olvidar su posición profesional y emprender tal ferviente exposición personal de adoración, pero David entendía la alegría y la necesidad de la presencia de Dios en la ciudad. Su adoración personal era mucho más importante que mantener su apariencia pública.

Un amigo y su esposa querían aprender a bailar, así que estudiaron pasos, se los memorizaron y los practicaron en la privacidad de su propio hogar, todo sin música. Eran malísimos, y encontraron todo el proceso absolutamente aburrido. Lo que los salvó fue su decisión de tomar el riesgo y asistir a un baile con música en vivo. De pronto, los pasos sin vida que habían aprendido, ¡tomaron nueva vida! El espíritu de la música convirtió sus aburridas lecciones en una pasión por la pista de baile.

Nuestro amor por Dios siempre está en peligro de degenerarse en lecciones de baile sin música. Nuestra adoración personal puede ser igual de muerta si recitamos los credos cristianos sin la música del Espíritu para crear un baile interactivo con Dios. Las buenas noticias según Sofonías es que Dios se deleita en sus hijos y se regocija en ellos con cantos (ver Sofonías 3). ¡*Él* provee la música! Nuestro baile con Dios comienza cuando escuchamos la música de su pasión por nosotros, no cuando rechinamos los dientes para realizar nuestra obra religiosa de devociones personales.

Simon Tugwell nos recuerda: «Siempre y cuando imaginemos que somos nosotros quienes tenemos que buscar a Dios, a menudo perderemos la esperanza. Pero es al revés. Él nos está buscando a nosotros».[1] John Wesley repite esto: «Tenemos que amar a Dios antes de que podamos ser santos del todo, siendo esto la raíz de la santidad. Ahora, no podemos amar a Dios hasta que sepamos que él nos ama a nosotros: Lo amamos porque él nos amó primero».[2]

El ministerio de Elías fluía de un lugar de amor profundo por Dios. Él mandó a Elías a una cueva a escuchar. Cuando llegó al fin, la voz de Dios era un susurro suave: «¿Qué haces aquí, Elías?» Elías contestó desde lo más profundo de su ser: «Me consume mi amor por ti, Señor Dios Todopoderoso» (ver 1 Reyes 19:9-10). Este fervor propulsó el ministerio de Elías.

Asimismo, la pregunta de Dios hacia los pastores es: «¿Qué estás haciendo aquí?» Si la respuesta no es «Soy muy ferviente por el Señor», entonces la eficacia y el placer en el ministerio está decayendo. Los pastores tienen que ser impulsados por su pasión por Dios. Jesús estaba incluyendo a los pastores cuando dijo: «"Ama al Señor tu Dios con todo tu corazón, con todo tu ser y con toda tu mente". Éste es el primero y el más importante de los mandamientos» (Mateo 22:37-38). La grandeza de seguir este mandato se demuestra de varias maneras, incluyendo la eficacia pastoral; la verdadera grandeza en el ministerio está directamente vinculada a su obediencia. No existe ningún substituto o desvío.

## Ministrar a partir del amor

Después de la resurrección, Pedro y los otros discípulos estaban pescando. Después de unos cuantos consejos de un desconocido parado en la orilla, los discípulos dieron con la principal concentración de peces: 153 peces grandes. Fue entonces que Pedro reconoció al desconocido. ¡Era Jesús! Olvidándose de la mejor pesca de su vida, Pedro se tiró al agua para nadar hacia su amigo y Salvador. Puedes visualizar a Pedro completamente empapado, dándole a Jesús un abrazo de oso. El éxito de la pesca de Pedro no podía sustituir estar en la presencia de Jesús, y tampoco puede el tamaño del ministerio de un pastor reemplazar la satisfacción de estar en la presencia de Dios.

Después del desayuno de esa mañana, Jesús le preguntó a Pedro: «¿Me amas de verdad?» y después explicó que la liberación del amor de Pedro debe ser alimentar a sus ovejas. Amar a las ovejas comienza con el amor hacia el Pastor. Amar al pueblo fluye de un profundo amor personal hacia Dios.

Los pastores a menudo se encuentran en una adicción a llevar a cabo buenos actos. Salen de prisa de una cita de consejo para ir a una reunión del comité, luego a visitar a alguien en el hospital, a escribir correos electrónicos y de ahí continúan siguiendo la lista de cosas que tienen que hacer o personas que tienen que visitar. Andar de prisa haciendo buenos actos provee una euforia temporal pero, al igual que cualquier adicción, la euforia es demasiado temporal y demasiado superficial para reemplazar la verdadera sustancia que ansia el pastor. Si no se restringen, las buenas acciones se puede convertir en un sustituto de Dios. El apuro se convertirá en una lógica que excusa al pastor de la prioridad de una interfase personal con el Dios viviente.

John Wesley enfrentó este tipo de lógica hablándoles con gran sinceridad a aquellos que redefinieron el amor a Dios como buenas obras: «¿Pero satisfacerá esto a aquel quien tiene hambre de Dios? No... el conocimiento de Dios en Cristo Jesús; la vida que está escondida con Cristo en Dios; el ser unido al Señor en un solo espíritu; el experimentar una fraternidad con el Padre y el Hijo; el caminar en la luz como Dios está en la luz; el ser purificado como él es puro, esta es la religión, la rectitud, de la que tiene sed él: Tampoco puede descansar, hasta que así descanse en Dios».[3]

Hasta que un pastor despierte al amor apasionado de Dios que lo busca diariamente, él sufrirá de anemia relacional que mina la energía de su ministerio. Sin embargo, mientras que un pastor viva en la cascada constante de amor que fluye del corazón del Padre, una inquebrantable fuente de poder espiritual se pone en acción. Esta revelación del amor de Dios traduce acontecimientos ordinarios a expresiones divinas de afección.

La sinceridad y la autenticidad del pastor es casi siempre detectada de alguna manera intuitiva por las personas que él o ella guía. La gente percibe si las acciones están fluyendo de un amor al ministerio, un amor a la posición, un amor a sí mismo, o de un amor profundo hacia Dios. Las personas respetan y con gusto siguen a un pastor quien claramente emana una pasión personal por Dios.

Los siguientes son algunos resultados prácticos para el ministerio que surgen de un amor profundo y personal hacia Dios:

1. Mientras más profundo y personal sea el amor a Dios, más fuerte será un pastor. El pastor que verdaderamente ama a las personas se expone a sí mismo al rechazo, a los malos entendidos, a la traición, a la decepción y a la indiferencia que son parte del paquete. La capacidad del pastor de recuperarse está directamente vinculada a su habilidad de recibir el amor curativo de Dios y de volver a llenar el tanque emocional en la presencia amorosa de Dios.

2. Tomar riesgos es una parte esencial del liderazgo eficaz del ministerio. La red de seguridad de una relación íntima con Dios alimenta el valor para «animarse» de manera audaz.

3. La inseguridad es a menudo la muleta que mantiene a los pastores atascados en los baches de lo familiar y lo ineficaz de la rutina. El amor a Dios asegura la autoimagen de un pastor para rechazar soluciones comunes e implementar las estrategias que reflejan quien es él o ella como líder.

4. La ineficacia es con frecuencia el resultado de motivos que son impuros. Esta característica insta a los pastores a examinar sus propios corazones y a realinearse a sí mismos con el Primer Mandamiento. Amar al

Señor nuestro Dios abre la puerta para las bendiciones que desean los pastores.

* * *

El pastor Jack Hayford nos dijo a un grupo de nosotros que su día comienza cambiando de posición, de su espalda hacia sus rodillas. Él sale de la cama y se arrodilla ante el Señor con una Biblia abierta; y es esta prioridad en la pasión por Dios que alimenta su ministerio durante el resto del día. Permitamos que su ejemplo nos recuerde que nuestro amor a Dios estimula nuestra búsqueda de Dios. El ministerio puede ser agotador, y la eficacia está directamente vinculada a la habilidad de un pastor de refrescar su vida de manera satisfactoria. El pastor que ha desarrollado un lugar privado de intimidad con el Señor, una habilidad de escapar hacia su presencia y ser acogido en su amor, es el pastor que no se desmayará, sino que crecerá más fuerte a través del curso de su ministerio. El apóstol Juan dice que Dios es amor (ver 1 Juan 4). El requisito fundamental para ministrar el amor de Dios efectivamente es que lo recibamos nosotros mismos y vivamos inmersos en él.

**Notas**
1. Simon Turgwell, *Prayer Living with God*, Templegate Publishers, Springfield, IL, 1975, n.p.
2. John Wesley, *The Works of John Wesley*, Zondervan Publishing House, Grand Rapids, MI, 1972, p. 115; ver también p. 127.
3. Ibid., p. 268.

## FUNDAMENTOS EN LA HISTORIA DE LA IGLESIA

### JOHN WYCLIFFE (1320-1384)

John Wycliffe, el académico principal de Oxford durante su época, resumió sus pensamientos acerca de la eficacia pastoral cuando dijo:

> Existen dos cosas que tienen que ver con el estatus de pastor: la santidad del pastor y la pureza de su predicación. Él debe ser santo, tan fuerte en toda virtud que él preferiría desertar a todo tipo de relaciones sexuales, a todas las cosas temporales de este mundo, incluso a la propia vida mortal, antes de desviarse pecaminosamente de la verdad de Cristo.

El entendimiento de Wycliffe de la profundidad necesaria de compromiso que tiene que tener un pastor para ser eficaz puede ser intimidante pero, si se lleva hasta el corazón, será transformador tanto de manera personal como en el ministerio para cualquier pastor que vive por ellos.

## Característica 3

# LA FORMACIÓN ESPIRITUAL:
*Desarrolla hábitos regulares para la formación espiritual (devoción, ayuno, soledad, etc.)*

Cavar zanjas no es mi idea de un buen pasatiempo. El trabajo es duro y consume mucho tiempo, aunque una vez que uno se pone en forma, puede llegar a sentir deleite genuino y satisfacción en el proceso de cavar. Aun así, las zanjas no son un fin por sí solas; no son obras de arte. Son obras de preparación. Se cavan las zanjas para contener o canalizar el verdadero tesoro, el agua que fluirá a través de ellas.

Puedo atestiguar, habiendo cavado muchas zanjas en mi pasado, el hecho de que no hay ninguna ciencia tras el proceso. Cada excavador tiene que encontrar el método que funcione para él. Los principios de cavar zanjas son simples: Si haces el trabajo, el agua fluirá donde tendrá el mayor beneficio y llevará a cabo su propósito. La zanja, aunque importante, será generalmente olvidada. Lo mismo sucede al desarrollar hábitos regulares que permiten la formación espiritual.

Los pastores efectivos reconocen su espíritu quebrantado y la consiguiente necesidad de preparar sus almas para la presencia del Espíritu Santo a través de los hábitos espirituales. Esta vida rigorosa de disciplina espiritual fortalece y suaviza el alma para que de tal forma se viva la vida diaria desde un concepto espiritual. Cada pastor debe cavar zanjas que provean un camino para que Dios llene su vida, y las disciplinas espirituales son el medio principal para que se lleve a cabo la formación espiritual. Estas disciplinas son prácticas de acción física y mental que le dan a Dios acceso a nuestros corazones para que seamos formados a vivir más como Jesús.

Mientras que estas disciplinas constituyen la base de tu formación espiritual, puede que hayan otros hábitos únicos en ti que son importantes también. Tal vez, por ejemplo, tienes el hábito de cenar con tu familia o de desayunar con tu pareja, o haces un viaje mensual a un parque o a una playa (no a orar, ¡solo a admirar!). Estos hábitos también pueden abrir nuestros corazones para que Dios pueda entrar.

## Las zanjas de Eliseo

La Escritura contiene una ilustración del poder de una zanja. En un conflicto con Moab, el ejército israelita había marchado a través del desierto de Edom. Su suministro de agua se había agotado y comenzaban a desesperarse debido al temor. La batalla parecía imposible. La sequía amenazaba sus vidas. Fue entonces que llamaron a Eliseo.

El Señor le habló a Eliseo y le dijo la solución: el ejército tenía que cavar zanjas. ¡Lo último que quiere hacer una persona con sed es cavar! De todos modos, se obedeció la orden del Señor y se cavaron zanjas. A la mañana siguiente a la hora del sacrificio, una tormenta fuerte en las montañas distantes de Edom causó una inundación repentina en el valle donde se encontraba el ejército. Las zanjas se llenaron de agua y los soldados y sus animales bebieron y fueron rejuvenecidos.

Mientras salía el sol, sus rayos rojizos se reflejaban sobre el agua en las zanjas de arcilla roja. Para el distante ejército moabita, el agua parecía charcos de sangre y pensaron que los ejércitos aliados se habían traicionado y peleaban el uno contra el otro. Los moabitas se apresuraron para saquear la región, solo para ser enfrentados por soldados israelitas fuertes y concentrados, ¡listos para morir por la gloria de Dios! (ver 2 Reyes 3).

Las disciplinas espirituales se pueden comparar de diferentes maneras con las zanjas que les ordenó Dios a los israelitas que cavaran:

- Las disciplinas (igual que cavar) son un trabajo demandante. La naturaleza humana evita tal trabajo y es rápida en buscar otras actividades que distraen la atención, y una vez que se hace eso, se le hace fácil parar sin haber logrado mucho. Los efectos de estas disciplinas son espirituales, pero los obstáculos mayores provienen de la carne.

- Las disciplinas (igual que las zanjas) no son un fin en sí mismas. No hay ninguna gloria en decir «Excavo zanjas buenísimas» (o «Ayuno dos veces a la semana» u «Oro dos horas al día»). Es el *agua*, no la zanja, la que trae vida.

- La presencia del agua no se determina a través de si se ha cavado una zanja o no. El agua fluye cuando llueve; las zanjas solo la contienen y la canalizan cuando cae. Nuestros hábitos espirituales le dan a Dios oportunidad, pero no obligan a la presencia ni al poder de Dios.

- La misión de Dios a menudo nos llevará a través de desiertos espirituales, y el ministerio es una batalla espiritual que no se puede ganar excepto a través de la intervención sobrenatural. Si estamos con sed, débiles o aguerridos, lo mejor que podemos hacer es cavar zanjas. Buscar a Dios a través del ayuno, la oración, la meditación de la Escritura, la soledad y los actos secretos de servicio nos abre a un fresco fluir del Espíritu Santo.

- Las disciplinas incrementan nuestra capacidad de contener y comunicar el Espíritu de Dios, justo como las zanjas de Eliseo contuvieron el agua para que fuera potable y comunicaron su presencia a los moabitas. Mientras más profundo se caven las zanjas mediante los hábitos espirituales, más grande será la capacidad de un pastor de ser eficaz como portador del Espíritu de Dios.

- El agua en las zanjas de Eliseo tenían la apariencia de sangre, lo cual era, tal vez, un presagio de la sangre de Cristo como nuestra fuente de victoria. Aunque los moabitas vieron esa «sangre» como un símbolo de fracaso, el Señor la usó para su derrota. Asimismo, cuando se practican bien las disciplinas espirituales, siempre conducen al poder de la cruz. Cuando el enemigo «ve rojo» en la vida de un pastor, la batalla se acabará pronto.

## Construyendo un cuarto

En su nítido libro *Celebración de la disciplina*, Richard Foster describe tres categorías de disciplina: *interior* (meditación, oración, ayuno y estudio), *exterior* (simplicidad, soledad, sumisión y servicio) y *colectiva* (confesión, alabanza, guía y celebración).

Dallas Willard organiza las disciplinas de manera diferente. En *El espíritu de las disciplinas*, él presenta dos grupos: *abstinencia* (soledad, silencio, ayuno, frugalidad, castidad, secreto y sacrificio) y *compromiso* (estudio, alabanza, celebración, servicio, oración, compañerismo, confesión y sumisión).

Como sea que se clasifiquen, estos hábitos de formación espiritual son primordiales porque tratan con el carácter interior del pastor. Le dan acceso al Espíritu Santo para que forme el alma, la mente, el corazón y la voluntad. Le quitan al pastor el título, la posición y la popularidad para tratar con la esencia de su identidad y rompen la superficie para llegar a las raíces de los problemas en sus vidas.

Desafortunadamente, los pastores a menudo abusan de las disciplinas espirituales que las convierten en una tarjeta de puntuación para su nivel actual de espiritualidad. Pregúntale a un pastor que se está engañando, de esta manera: «¿Qué tal te va espiritualmente?» y la respuesta será un promedio de aciertos de sus disciplinas espirituales. El pastor describe la zanja y no el agua.

Las disciplinas espirituales no son sobre rutinas (la zanja) sino sobre la relación. Si los hábitos espirituales de un pastor solo están calmando su propia conciencia, son de poco valor y pueden hasta ser contraproducentes. El punto de las disciplinas no es la finalización de las tareas sino el desarrollo de una relación.

Había una pareja en Sunén que invitó a Eliseo a cenar con ellos. El encuentro fue tan inspirador que Eliseo comenzó a cenar con ellos cada vez que pasaba por el pueblo. Un día la esposa le dijo a su esposo: «Construyámosle una adición a la casa para que Eliseo se pueda hospedar con nosotros cuando visita la ciudad». Construyeron un dormitorio más, lo amueblaron y le agregaron instalaciones. Ahora, gracias a este nuevo cuarto, Eliseo podía quedarse durante unos cuantos días cada vez que los visitaba (ver 2 Reyes 4:8).

Para la pareja de Sunén, el dormitorio no era el punto; el punto era desarrollar y fortalecer una relación con el profeta. El cuarto no obligaba a Eliseo a pasar por Sunén, pero cuando lo hacía, se hospedaba en el dormitorio preparado para él.

Las disciplinas espirituales son los materiales de construcción usados para construir un cuarto para que el Espíritu nos visite. Algunos pastores quieren una relación más profunda con Cristo, pero no entienden la necesidad o no pagan el precio para «construirle una habitación». La habitación es la acción exterior de disciplinas espirituales que animan la realidad de la relación espiritual y la transformación personal.

El ministerio se trata de servir a otros. El riesgo laboral es que la atención a otros puede en realidad traer atención a sí mismo y puede competir con la atención a Cristo. Tal vez esto es lo que Jesús vio cuando visitó la casa de Marta y María. La laboriosidad de Marta aparentaba ser productiva y encomiable para el observador externo y la atención de María sobre Jesús podía interpretarse como vagancia. Jesús, sin embargo, dió su opinión: «Marta, Marta», respondió el Señor, «estás inquieta y preocupada por muchas cosas, pero sólo una es necesaria. María ha escogido la mejor, y nadie se la quitará» (Lucas 10:41-42). La elección de María era la respuesta necesaria y la mejor para Jesús, mientras que la de Marta produjo preocupación, turbulencia y fragmentación.

Las disciplinas espirituales son una forma de elegir lo que eligió María. Al sentarse a los pies de Jesús, María abrió su vida a la presencia y a la enseñanza del Maestro. Al colocar las demás actividades en segundo lugar después de escuchar, María recomendó una orden de prioridades para los pastores. Los hábitos espirituales nos sientan a los pies de Jesús para que su Espíritu se pueda dirigir a nuestras vidas antes de que nos paremos para servirle. Existen seis maneras clave en que las disciplinas espirituales nos ayudan a hacer espacio para el Espíritu Santo:

### 1. Las disciplinas espirituales sujetan la identidad

Tu autoimagen pastoral está bajo un constante aluvión de influencias positivas y negativas. La naturaleza pública del papel te expone semanalmente al aplauso o a la crítica de la gente. El crecimiento o falta de crecimiento de la iglesia, la bendición o la escasez económica, los cumplidos o las quejas de la junta directiva, las comparaciones con otros predicadores, todos se unen para lanzar tu autoimagen contra las rocas del orgullo o de la inferioridad. Las disciplinas espirituales son una manera de sujetar tu identidad a la verdad de la opinión de Dios. Mientras oras, meditas, ayunas, escuchas en silencio, buscas la soledad, confiesas y te sometes a otros, tu alma es sujetada y liberada de las voces destructivas a tu alrededor. Las disciplinas le permiten a tu identidad ser formada por el Espíritu que mora dentro, en vez de por las voces circundantes.

Las tentaciones de Jesús son las precursoras de las tentaciones de nuestro ministerio. Jesús enfrentó la seducción de usar su posición para servir a sí mismo en vez de a la misión. Él estuvo tentado de poner a Dios en la encrucijada para bendecir a una demostración de gloria personal. Satanás trató de engañar a Jesús para que se sometiera a dioses falsos y obtuviera lugares de poder más rápida y cómodamente (ver Mateo 4:1-11). Estas son las mismas batallas que pelean los pastores. Nos sentimos tentados a usar nuestros títulos para enaltecer nuestros egos, para independientemente iniciar planes mientras demandamos la bendición de Dios sobre estos programas que planeamos, y para buscar el último método de alabanza para que crezcan nuestras iglesias.

En cada una de estas tentaciones, Satanás estaba atacando la identidad de Jesús. «Si eres el Hijo de Dios», lo insultó Satanás y lo desafió. Jesús, sin embargo, se mantuvo tranquilo en el conocimiento de quién era él y de lo que decía la palabra de Dios. ¿Cómo lo hizo Jesús? ¿Cómo lo podemos hacer nosotros?

Primero, durante su bautismo, el cual directamente precedió las tentaciones, Jesús demostró la disciplina espiritual de *sumisión* al someterse a sí mismo tanto a Juan como a su Padre. En ese contexto, el Padre dijo: «Éste es mi Hijo amado; estoy muy complacido con él» (Mateo 3:17). Escuchar del Padre esta afirmación de su identidad centró y fortaleció a Jesús contra la voz del enemigo que pronto llegaría.

Uno de los propósitos más importantes de las disciplinas espirituales es callar nuestros espíritus lo suficiente para poder escuchar la voz de Dios proclamándonos su afirmación. Para escuchar que somos hijos o hijas, que somos amados por quienes somos y que ya complacemos a Dios, es liberación en su forma más profunda. Sin su afirmación, vivimos en la inseguridad de la inconsistencia de la gente o en el aplauso de nuestros propios egos, y le damos la bienvenida al engaño.

Segundo, Jesús entró a un tiempo de *soledad*, *ayuno* y *oración* en el desierto. Estas disciplinas espirituales fortalecieron a Jesús durante la batalla épica que peleó contra Satanás. Armado con una identidad sólida y un arsenal de disciplinas espirituales, Jesús superó la voz tentadora del engañador, y también lo puedes hacer tú.

## 2. Las disciplinas espirituales giran alrededor de la actividad

El ministerio rápidamente se puede volver inconexo. Las distracciones se vuelven tan vívidas y variadas que la centralidad se reemplaza por la compartimentación, y en vez de hacer las tareas con un enfoque singular en Cristo, cada tarea se convierte en el enfoque. A veces recordamos «agregarle un poco de Cristo» a nuestras actividades, pero él ya no es el centro, y la energía para el ministerio se saca de lugares superficiales de deber o demanda. Pronto el zumbido de la laboriosidad y los quejidos de otros es todo lo que escuchamos; el ruido del ministerio ha ahogado la voz del Espíritu. Operamos en las periferias de la ambición en vez de en las de un profundo, unificador, y centrado lugar de conexión con Cristo. Las disciplinas espirituales pueden volver a centrar nuestra actividad en Cristo.

Jesús vivió y ministró desde esta posición de centralidad. Él claramente declaró, «el hijo no puede hacer nada por su propia cuenta, sino solamente lo que ve que su padre hace» (Juan 5:19). Para Jesús, cada actividad de ministerio fluía de la unión con el Padre. Él no andaba únicamente tratando de hacer buenas obras. Él no se precipitaba y le pedía a Dios alcanzarlo y bendecir su obra.

Si los cables en la parte trasera de mi estéreo se sueltan, el sonido sale confuso. Los cables tienen que ser amarrados de nuevo para que se pueda escuchar la claridad y la plenitud de la música. De la misma manera, las disciplinas espirituales nos amarran fuertemente alrededor de Cristo. Los hábitos de formación espiritual proveen una conexión fuerte para guiar nuestro ministerio diario para que salgamos adelante con audacia y urgencia en vez de en apuro frenético y desenfocado. Nuestra misión se clarifica y nuestra lista de cosas por hacer se unifica. Nuestro oídos están sintonizados. Elevamos oraciones de corazón a través del día para volver a centrarnos conforme las presiones del día comienzan a poner borrosa nuestra visión de Cristo.

Cristo tiene que ser el centro de nuestro pastorado. El ministerio proviene de él, a través de él y para él. Por consiguiente, Cristo tiene que, de una manera muy real, impregnar todo lo que se hace por él. Es solo al saturar nuestras almas en Cristo a través de la disciplinas espirituales, que podemos vivir y ministrar desde un centro bien formado.

## 3. Las disciplinas espirituales recargan la pasión

La pasión gotea. Cuando yo estaba en la escuela secundaria, tenía un camión Ford del año 1957 que usaba en mi negocio de transporte de heno. Podía cargar 105 pacas de heno en ese camión. Tenía mucho poder pero dos problemas: no servía el indicador de la gasolina y tenía un escape en el tanque de la gasolina. Yo iba conduciendo tranquilo y de un momento a otro se moría el viejo camión. Los agujeros tenían que ser reparados y el tanque reabastecido para volver a funcionar.

Nuestros tanques de ministerio a menudo son como mi camión. Nuestros indicadores de energía espiritual no funcionan; no sabemos cómo evaluar qué tan espiritualmente llenos o vacíos estamos, o simplemente ignoramos el indicador, creyendo que podemos conducir para siempre. Rocas de crítica o decepción golpean nuestro tanque y causan goteras minúsculas. Son tan pequeñas que creemos que son insignificantes, pero necesitamos ser reparados y reabastecidos urgentemente si estamos planeando tener éxito. Aquí es donde las disciplinas espirituales se vuelven cruciales.

Las disciplinas espirituales le dan acceso al Espíritu a los lugares de nuestros corazones que han sido dañados debido a los comentarios punzantes del ministerio. Frecuentemente, cuando estoy leyendo y meditando sobre la Palabra y escribiendo en mi diario es que ocurre una revelación de la condición de mi corazón. Veo como fui herido por alguna crítica pasajera y soy capaz de confesar mi hipersensibilidad y recibir la afirmación curativa del Espíritu. Una callosidad que se había desarrollado en ese lugar se elimina. La ternura se restablece.

El año pasado alguien me criticó de una manera injusta e incorrecta. Yo me sentí justificadamente ofendido y estaba tramando cómo hacer a esta persona dolorosamente conciente de su error. Sin embargo, mientras ayunaba, el Espíritu me dijo: «Así como has dejado de comer, entrega tu derecho de ocuparte de esto. Yo me encargaré de la situación solo si tú te niegas a hacerlo». Obedecí y vi a Dios reparar mi corazón y encargarse de la persona sin mi ayuda. La venganza es una actitud fea que puede entrar sutilmente en el corazón del pastor. Lo tienta a usar su púlpito o su liderazgo para secretamente vengarse. Produce energía de emoción pero drena la energía espiritual. A menudo, una disciplina espiritual que involucra la abnegación (tal como el ayuno o el silencio) puede permitirle al Espíritu el acceso a los lugares del corazón donde está plantada la venganza para que este pueda arrancarla de raíz y curar la herida.

Los pastores efectivos entienden que la pasión es esencial para ministrar bien. Son honestos acerca del desgaste que le causa la vida real a la pasión y saben cuáles de los hábitos espirituales vuelven a encender su fervor. La práctica de estas disciplinas es obligatoria para los pastores; sin ellas, se quedan sin energía. Nuestras heridas no pueden ser ignoradas sin causar desgaste a nuestra pasión. Los dolores se curan y los agujeros se reparan al rendirse al Espíritu, y son las disciplinas las que invitan al Espíritu a visitarnos y a administrar la curación.

Un día el Señor me presentó una imagen mental de mi corazón. Era un desierto enorme. Vi una sola manguera de jardín abierta y el agua que comenzaba a mojar la tierra, pero la diferencia que le hacía a la tierra seca era imperceptible. No obstante, conforme se sumaban más y más mangueras, comenzaron a brotar de la tierra exuberantes plantas verdes.

Asimismo, entre más disciplinas espirituales «se abran» más oportunidad de que tu corazón y tu ministerio prosperen. Existe un poder que resulta de las disciplinas espirituales y no de las propias prácticas, sino del Espíritu vertiéndose a través de ellas para rejuvenecer y revigorizar nuestras vidas.

## 4. Las disciplinas espirituales sensibilizan al Espíritu

Las disciplinas espirituales producen discernimiento espiritual. El pastor que usa las disciplinas se dará cuenta de que su habilidad para percibir el bien y el mal es más afinada, muy parecida a los detectores de metal en los aeropuertos: Entre más afinados estén, mejor pueden prevenir la entrada al avión de artículos peligrosos. Los pastores que ministran sin este discernimiento pronto encuentran a sus iglesias llenas de filosofías explosivas, actitudes no cristianas y destructivos bastiones espirituales.

La práctica de las disciplinas puede acelerar el corazón, la mente, los ojos y los oídos de un pastor para que pueda ver estas armas y prevenir que se usen para hacerle daño a su iglesia. El escritor de Hebreos habla de personas con esta sensibilidad: «Los que tienen la capacidad de distinguir entre lo bueno y lo malo» (Hebreos 5:14). Estudiar, memorizar, meditar, leer y orar la Palabra de Dios nos entrena de esta manera. La soledad, el silencio, la confesión, la simplicidad, la adoración y el ayuno agudizan nuestros espíritus.

Hace unos cuantos años, me sentí inspirado por Bill Bright a llevar a cabo un ayuno durante cuarenta días. Al final de ese ayuno, mi nariz estaba tan sensible, ¡que podía oler una papa a la francesa de McDonald's desde 35 metros de distancia! Pero también recuerdo lo sensibilizado que estaba al reino espiritual, a lo que complacía o no a Dios, y a las fuerzas espirituales que estaban presentes. Mi ojos se abrieron a unas cuantas cuestiones que previamente habían parecido inocentes, pero que cargaban semillas subyacentes de destrucción.

Parte del papel del pastor es cuidar y proteger a la gente de las actitudes y los patrones dañinos e hirientes. Estos también pueden robarle a tu iglesia su salud a través de una invasión insidiosa sin que nadie se dé cuenta. Tú eres eficaz cuando tu discernimiento se afina a través de la formación disciplinada.

### 5. Las disciplinas espirituales forjan la semejanza con Cristo

La meta final de las disciplinas espirituales es entrenar a nuestros corazones a ser más y más conforme a la imagen de Cristo. La meta de cada pastor verdaderamente eficaz es vivir como Cristo diariamente y orientar sus disciplinas espirituales hacia la obediencia explícita de Cristo en todos los aspectos.

Los pastores no son formados mágicamente en la imagen de Cristo. No se alcanza a través de alguna experiencia espiritual dinámica en alguna conferencia. Ni tampoco los pastores trabajan para alcanzar esta imagen. Los esfuerzos de la carne siempre fracasarán inclusive cuando se dirigen hacia metas nobles. La cooperación con el Espíritu es la única manera a través de la cual se logra el progreso.

Es similar al andamiaje en la construcción. Si estás construyendo una pared alta, necesitarás montar andamios. El andamiaje no construye la pared; les permite a los constructores tener acceso a la pared para que ellos puedan construirla.

Las disciplinas espirituales proveen un lugar para que el Creador Maestro se pueda parar mientras forma nuestras vidas a semejanza de Cristo. Por gracia proveemos el andamiaje y por gracia el Espíritu hace su obra.

Cuando Pablo le dijo a Timoteo, «ejercítate en la piedad» (1 Timoteo 4:7), él no estaba sugiriendo que el pastor joven podía alcanzar esta semejanza a Cristo solo esforzándose mucho. El entrenamiento que Pablo desafió fue imitar las actividades espirituales que Jesús había modelado, de manera que la vida en Cristo se pudiera formar en Timoteo. El trabajo del entrenamiento invita la obra del Espíritu. Como dice Dallas Willard: «La gracia se opone a la ganancia pero no se opone al esfuerzo».[1] Hacemos nuestro esfuerzo para darle al Espíritu acceso a nuestros corazones.

La metáfora que usó Pablo en 1 Timoteo es en referencia a la preparación de un atleta para los juegos griegos. Los participantes se quitaban toda la ropa y practicaban en el gimnasio desnudos. El tipo de entrenamiento que necesitan los pastores es uno en el cual su autoprotección, su negación, su orgullo y cualquier otro tipo de «hoja de parra» detrás de la cual se puedan esconder se eliminan, descubriendo el corazón ante Dios y trayéndolos a una vulnerabilidad y a una dependencia superior en el Espíritu.

Los pastores efectivos no están tratando de vivir la vida de Jesús. Están tratando de vivir sus propias vidas como lo haría Jesús si él estuviera en su lugar. Los pastores tienen que vivir sin un complejo de salvadores y, al mismo tiempo, vivir a imagen de Cristo que sirva como modelo para la congregación. Los pastores que hacen de la imitación de Cristo su más alta aspiración encontrarán que las disciplinas espirituales son un método primordial de progresar hacia la meta. Sin ellas, se le hará difícil a un pastor decir, «imítenme a mí, como yo imito a Cristo» (ver 1 Corintios 11:1).

### 6. Las disciplinas espirituales habilitan la enseñanza

Para que la enseñanza de un pastor sea reciente y poderosa, no puede ser copiada del Internet o de un libro. Tampoco puede ser solo ideas que han surgido del estudio cuidadoso de la Escritura. Hay que hacer mucho más para comunicar la verdad de la Palabra.

Jesús describió la naturaleza de su verdad en Juan 6:63: «El Espíritu da vida; la carne no vale para nada. Las palabras que les he hablado son espíritu y son vida». Las palabras de Jesús son palabras espirituales que dan vida cuando se entienden mediante la ayuda del Espíritu Santo. La tarea del pastor, entonces, no es simplemente entender el significado de las palabras sino *encontrarse con el espíritu de las palabras.* Las disciplinas espirituales son un método a través del cual el Espíritu Santo enseña tanto la verdad como el poder de las palabras.

El pastor que practica las disciplinas comienza a llenar su vida con tesoros espirituales. Cuando habla, no lo hace solamente desde un entendimiento intelectual o filosófico, comunicando los principios que ha estudiado. No está hablando desde su mente, sino desde su corazón. Jesús dice en Lucas 6:45: «El que es bueno, de la bondad que atesora en el corazón produce el bien... porque de lo que abunda en el corazón habla la boca». Las disciplinas espirituales son una manera de almacenar la bondad en tu corazón para poder hablar de ese desbordamiento.

\* \* \*

Sin hábitos regulares de formación espiritual, tu vida interior se volverá anémica y artificial. El ministerio fluirá de una orientación presentada de manera superficial. Pueda que parezca efectiva para aquellos que observan, pero la sequía interna no puede continuar sin provocar daño a la congregación. Excavar zanjas profundas de disciplinas espirituales atrapa el fluir del Espíritu de Dios, trae la victoria que anhelan los pastores en sus propias vidas, así como salud y vida abundante entre su gente.

**Nota**
1. Dallas Willard, «Live Life to the Full», Christian Herald (UK), April 14, 2001. http://www.dwillard.org/articles/artview.asp?artID=5 (accessed January 2007).

**FUNDAMENTOS BÍBLICOS**

## JEREMÍAS

Jeremías 10:21 dice: «Los pastores se han vuelto necios, no buscan al Señor; por eso no han prosperado, y su rebaño anda disperso». Los pastores fracasan porque actúan sin prudencia y abandonan al Señor en oración.

Los pastores efectivos adoran buscar la sabiduría en su liderazgo. Son rápidos en pedirle a Dios entendimiento para sus ministerios. Hacen de la oración una prioridad a través de la cual Dios guía a sus iglesias.

«Les daré pastores que cumplan mi voluntad, para que los guíen con sabiduría y entendimiento» (3:15). Estos pastores efectivos conocen y comparten el corazón compasivo que tiene Dios por la gente. Guían con el conocimiento de la verdad de Dios que puede vivirse en un ministerio práctico. Según Jeremías, estos pastores combinan su corazón y mente, el cuidado y el liderazgo.

Característica 4

# LA INTEGRIDAD PERSONAL:
*Valora y manifiesta firmemente
la integridad personal*

Gino era mi vecino. Vivía solo la mayor parte del tiempo. Era un hombre alto, fornido, de mediana edad que usaba gafas con tinte y trabajaba como carpintero en el activo auge de la construcción. Él tenía un amigo fiel en su envejecido pastor alemán a quien llamaba «Junior», y en ocasiones, cuando se le olvidaba o no podía pagar su cuenta de servicios, él nos preguntaba si podía enganchar su manguera a nuestra llave que poder usar agua. Fuimos vecinos durante nueve años.

A través de esos años, nuestra familia vio a varias mujeres quedarse con Gino por periodos largos y cortos. Una se mudó a vivir con él y en cuestión de meses (o de semanas), se fue... poco después la siguió otra. Casi siempre las salidas de la casa eran precedidas por una frecuencia creciente de discusiones en voz alta, salpicadas con palabras nunca jamás escuchadas por nuestros niños, que fluían a través de las paredes y dentro de nuestra sala familiar.

Nosotros nunca habíamos olido marihuana antes de vivir al lado de Gino, pero un aroma extraño flotaba a menudo a través de las ventanas sobre la brisa cálida del verano. Y Gino siempre decía lo que estaba pensando. Nuestras conversaciones ocasionales revelaron esa característica rápidamente, especialmente después de que se enteró que yo era «un hombre de iglesia».

Un día estaba yo poniendo ladrillos afuera de la puerta principal de nuestras casa para crear un tipo de entrada, cuando fui frustrado por un tubo de hierro de 8 centímetros de largo saliendo del suelo. Tenía que cortarlo para poder colocar los ladrillos sobre él, así que busqué mi sierra y comencé a cortarlo. Después de 15 minutos de hacer el esfuerzo en medio del calor del verano, me comenzó a doler la espalda, casi no podía respirar, me caía sudor de la frente y el único resultado de mi duro trabajo era un pequeño rayón en el tubo. Me apoyé contra la pared de la casa, exhausto y frustrado.

Observé a Gino al frente de la casa, apoyándose contra la pared de su garaje, con las piernas cruzadas, fumando un cigarrillo y observándome. De repente se me ocurrió que él sabía todo acerca de construcción, casas y tuberías, y tal vez tendría una herramienta que pudiera ayudar, así que lo llamé y le pregunté.

Gino desapareció dentro de su garaje por unos cuantos segundos y salió con una sierra de pistones portátil que funcionaba con baterías. Él cruzó hacia mi casa tranquilamente con su cigarrillo colgando de sus labios, se agachó, aceleró el motor de la sierra y en cinco segundos cortó el tubo. Yo me quedé asombrado. Finalmente logré decirle: «¿Me quieres decir entonces que estuviste viéndome luchar con el tubo durante todo ese rato mientras que sabías que lo podías cortar así de rápido?».

Su respuesta me tomó desprevenido. «Bueno, ¡estaba viendo por cuánto tiempo tu orgullo te impediría pedir ayuda!».

Gino nunca pretendía ser algo que no era. Lo que veías y oías era quien era, y su vida era consecuente con sus palabras. Él era auténtico en su relación conmigo, a veces hiriente, pero por lo menos genuino.

Yo, por otra parte, sentía una necesidad de no aparentar ser débil o incapaz frente a Gino, y en el proceso gasté mucho sudor tratando de conservar mi imagen. Ese encuentro en mi jardín me hizo pensar sobre la integridad de una manera diferente. Me di cuenta de que muchos cristianos (especialmente los pastores) sienten la necesidad de representar una imagen que tal vez no es consecuente con quien de verdad somos.

A menudo, durante nuestras discusiones contemporáneas sobre la integridad, le damos cualidades virtuosas como una manera de entender el concepto, pero cuando lo hacemos, ensuciamos las aguas en vez de obtener claridad. Cuando les pregunto a las personas que me digan lo que es la integridad, la respuesta frecuentemente es que la «integridad» es sinónimo de palabras tales como:

|  |  |
|---|---|
| Bondad | Devoción |
| Rectitud | Santidad |
| Moralidad | Justicia |
| Veracidad | Humildad |
| Honor | Virtud |

Están son grandes palabras, ¿pero qué ocurre cuando se redefinen por la cultura a nuestro alrededor? ¿Cambia entonces la integridad junto a ellas? ¿O existe otra dimensión en la integridad que nos puede ayudar mientras buscamos cómo desarrollar esta característica en nuestras vidas y ministerios?

## La integridad: Una definición

Ocasionalmente cuando le pido a alguien que defina integridad, él o ella tiende a describir una relación sana y fuerte entre las partes del todo, tales como los «cimientos de integridad» de un edificio o la «integridad estructural» de un automóvil. Los cimientos de un edificio tienen integridad si sus partes trabajan juntas y son integradas de tal manera que puedan aguantar el peso y la presión de los elementos y uso diario, y un automóvil tiene integridad si sus partes encajan correctamente para soportar viajes extensos o hasta un accidente.

*La integridad es la continuidad entre dos o más partes, integradas para formar un conjunto íntegro.* Con ese entendimiento, entonces, alguien posee integridad si hay consistencia entre quien es él o ella y lo que hace. ¿Pretende ser alguien que no es? ¿Se representa como alguien que no es? ¿Ponen en duda sus acciones las alegaciones que hace de sí mismo(a)? Si es así, entonces por definición no puede tener integridad. (Me pregunto si Gino tenía más integridad que muchos cristianos que alegan creer en Cristo ¡pero son un pésimo reflejo de él!) Los pastores efectivos hacen los dominios internos y privados de la obediencia una prioridad sobre el mundo público y externo de la apariencia, y esta integridad, la continuidad entre lo interno o externo, crea credibilidad.

Existe una analogía útil que se encuentra en el libro *The Integrity Factor*[1] que captura el espíritu de la integridad: La parte inferior de un témpano de hielo flotante se encuentra por debajo de la superficie del agua, donde nadie la puede ver, mientras que la parte superior está por encima de esta, visible para cualquier persona alrededor. La parte inferior consta de noventa por ciento del témpano completo mientras que la parte superior es solamente diez por ciento.

Imagínate que el témpano representa tu vida. La parte inferior es tu identidad (quien eres, tu carácter, tu ser) y la parte superior es tu actividad (lo que haces, tu comportamiento, tus trabajos en el hogar o la escuela). Tú no puedes separar quien eres de lo que haces más de lo que puedes separar la parte inferior del témpano de la parte superior. Son uno solo.

Tu identidad es la base para tu actividad; es de tu carácter que surge tu comportamiento. Las actividades son condimentadas, formadas y guiadas por tu identidad. Así como la parte inferior del témpano le provee estabilidad, flotabilidad y definición a la parte superior, quien eres tú se refleja a través de lo que haces.

La parte inferior del témpano tiene que ver con la pregunta «¿Quién soy?» La parte superior tiene que ver con «¿Qué se supone que tengo que hacer?» La parte inferior se ocupa con el *fruto* del Espíritu y la parte superior con los *dones* del Espíritu. No puedes separar el uno del otro: Los dones fluyen del carácter que está bien formado y moldeado por el carácter de Cristo, y el fruto espiritual se concede por la gracia de Dios de encontrar expresión en las actividades del ministerio a las cuales eres llamado.

## No eres lo que haces

Una de las más grandes trampas del ministerio es contestar preguntas acerca de la parte inferior del témpano con respuestas que pertenecen a la parte superior. Aquí está como funciona:

Alguien pregunta: «¿Quién eres?»
«Soy maestro».
«Soy ingeniero».
«Soy pastor».
«Soy pintor».

Bueno, no, no en realidad. Esas son las cosas que *haces*, pero no deberían de definir tu identidad. La verdad es que participamos en ese tipo de conversación casi todos los días como exquisitez social que probablemente nunca cambiará. Pero espero que de ahora en adelante, cada vez que alguien te pregunte quién eres, sientas una pequeña inquietud en tu mente recordándote que tu identidad no se define por lo que haces.

Cuando defines quién eres basándote en lo que haces, te conviertes en un esclavo de tu propia actuación. Cuando esa actuación es pobre, puede ser que llegues a la conclusión de que eres una mala persona y busques afirmación en otros lugares, lugares que deberías de evitar: mala conducta, relaciones ilícitas, hábitos problemáticos. Un pastor en esa condición está buscando afirmación personal de quien es él porque la medida de su identidad (lo que hace) no ha estado dando la talla. Esto le sucede a los pastores a menudo, y es tal vez la causa más grande del agotamiento y el fracaso moral en el ministerio.

En cambio, si tu actuación es estelar y más exitosa de lo que esperabas, puede ser que llegues a la conclusión de que eres bueno, *muy bueno*. Tan bueno, de hecho, que puedes vivir por sobre las leyes que aplican al resto del mundo. Si la actuación es la base de la identidad, es fácil para un pastor buen actor comenzar a experimentar más allá de las leyes del decoro, asumiendo que él o ella es mejor que otros y que por eso es una excepción. Ese tipo de actitud de derecho puede rápidamente eliminar la eficacia del ministerio.

## Tipos de integridad

La integridad, como lo hemos descrito anteriormente, es la continuidad entre la parte inferior y superior del témpano. Una falta de integridad existe cuando quienes somos y lo que hacemos, no son consecuentes el uno con el otro. Esta comprensión de la integridad, sin embargo, introduce una idea interesante que a menudo no consideramos.

Asumamos que X = Bueno /e Y = Mal. En los siguientes modelos de «témpano», observa como la integridad puede ser tanto buena como mala, ya que es una función de *consistencia* en vez de *valor moral o ético*. La integridad ocurre cuando la parte superior del témpano, la parte por encima de la superficie del agua, y la parte inferior encajan.

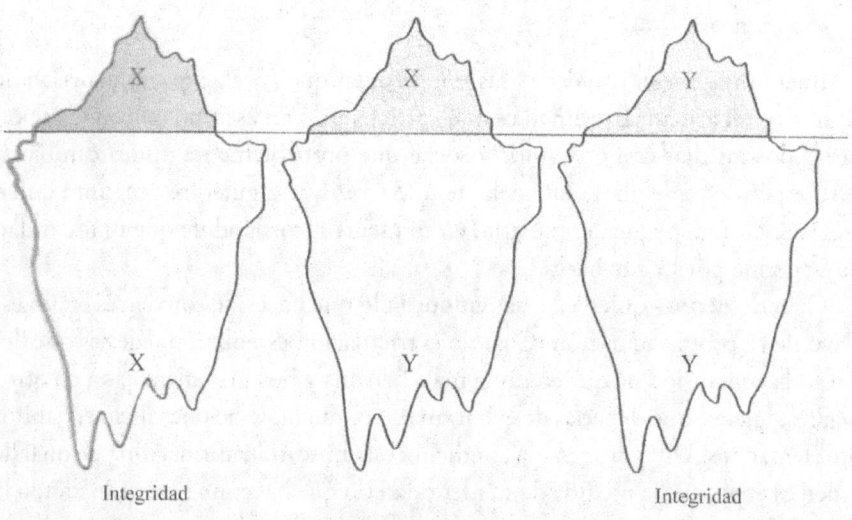

Aunque puede ser que él sea «Malo», la tercera persona tiene integridad porque hay consistencia entre quién es y qué hace, muy parecido a mi vecino Gino. Gino nunca alegó ser una buena persona. Él nunca dijo que era santo, bueno, correcto o puro mientras vivía su vida de manera opuesta. Vivió quién era y yo apreciaba su honestidad. (Yo creo que Dios la apreciaba también). Por lo menos Gino era frío hacia las cosas de Cristo. Él no era tibio, falseando quién era en acciones concebidas para verse mejor de lo que era. Jesús dice que él escupirá a la persona tibia de su boca (ver Apocalipsis 3:16).

Afortunadamente, según pasaba el tiempo, Gino se fue volviendo más y más receptivo al amor de Dios hacia él, pero solo escuchó el mensaje porque vio que yo tampoco vivía una mentira. La consistencia entre quién eres y lo que haces puede ser el factor más importante en el ministerio de un pastor. Otros lo notan.

Consideremos tres tipos de integridad en la cual los líderes siempre participan.

### 1. La integridad conductual

Este es el nivel más básico de la integridad, y ya hemos comenzado a examinarlo. Dicho de manera simple, la integridad conductual es la continuidad entre quién eres y lo que haces. No pones una fachada o tratas de representar una imagen de algo o de alguien que no eres.

La confianza de la gente en tu iglesia será sacudida si perciben una falta de integridad conductual a través del comportamiento extraño o a través de señales mixtas. Esto destruirá la eficacia porque asumen que tienes algo por esconder o

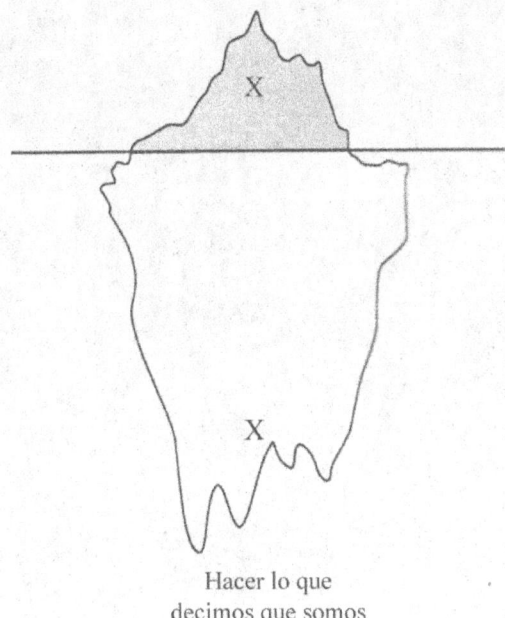

Hacer lo que
decimos que somos

un motivo oculto. Por otra parte, cuando proteges tu corazón y buscas la integridad, tu grupo crecerá en respeto y apoyo conforme disciernan una vida que es congruente. Este es uno de los tributos más importantes dados a los pastores: «Ella es realista a quien es en realidad».

La integridad conductual es esa condición en la cual tú, libre y naturalmente, reflejas tu identidad en tu comportamiento. La parte superior del témpano refleja la inferior.

## 2. La integridad del desempeño

Aunque la mayoría de las personas están concientes hasta cierto punto de la integridad del desempeño, es particularmente importante para los líderes, especialmente los líderes cristianos. La integridad del desempeño es la relación entre lo que haces y las personas que son afectadas por esas acciones. Como líder, tienes que estar consciente del impacto que tienes y hacer lo que dices que vas a hacer, llevar a cabo el plan siendo fiel a tu palabra. No engañes ni manipules, sino que encárgate de las personas de manera que se sientan afirmadas y con más dignidad. (Por supuesto, si la integridad del desempeño es el motivador principal para ti, se puede convertir en un enfoque no saludable de complacer a todo el mundo).

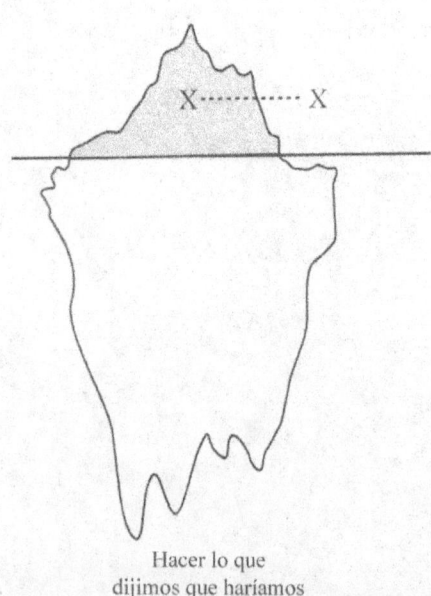

Hacer lo que
dijimos que haríamos

Recuerda que cuando hablas o cuando tomas una decisión, estás representando la posición del pastor y, de manera misteriosa, cargas la confianza de cada pastor contigo. Cumple esta responsabilidad con seriedad apropiada, porque si fracasas en practicar la integridad de desempeño, *todo* pastor sufre mientras la confianza, la seguridad y el respeto de tu congregación disminuye y comienzan ellos a sospechar y a dudar de todos los pastores.

### 3. La integridad interna

Este es tal vez el tipo de integridad más difícil de describir porque se refiere a la integridad de la vida interior. La búsqueda de formación espiritual es en general un esfuerzo para traer congruencia a las dimensiones internas de tu vida, lo cual es esencial para una vida y un llamado sano y vibrante. Siempre existe una tentación de compartimentar tu vida interna para de tal forma mantener tu vida espiritual separada de tu carácter psicológico, personalidad, talentos y voluntad.

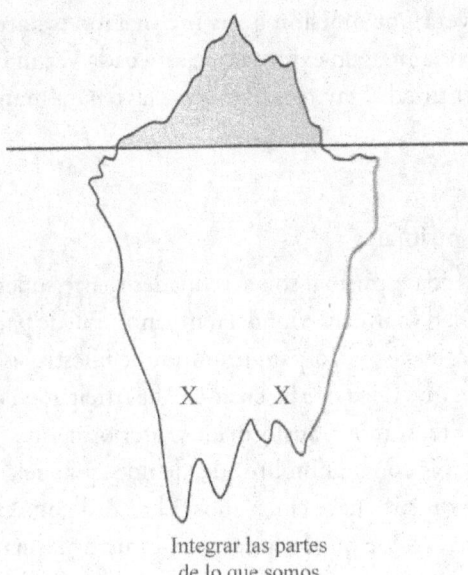

Integrar las partes
de lo que somos

Una vida que está internamente compartimentada siempre termina manifestando esa fragmentación en comportamientos que son igual de inconexos y segmentados; recuerda que quienes somos, *siempre* se expresa en lo que hacemos. Si no le permites a la dimensión espiritual de tu vida interior afectar tus emociones, tu personalidad y hasta tu cuerpo físico, te comportarás de manera espiritual durante actividades espirituales y luego de manera furiosa en casa con tu pareja y tus hijos, o hablar de la necesidad de las prácticas espirituales disciplinadas y luego regularmente comer en exceso.

Hemos sido creados como seres integrados y el cultivo de la integración interna conduce a la abundancia y a la plenitud. El editor general del *Leadership Journal*, Gordon MacDonald, escribió lo siguiente acerca de un pastor con integridad: «Esta es una persona que toma en serio las perspicacias y los principios de la Escritura y ha buscado *organizar toda su vida alrededor de ellos*. Lo que ves en público es lo que debería verse en privado. No existe ninguna discontinuidad en la totalidad de la vida de esta persona».[2]

Maneras de desarrollar la identidad y la integridad

Te puedes estar preguntando: «Está bien, ¿entonces cómo puedo desarrollar mi identidad para que mantenga una influencia fuerte sobre mis acciones?» En otras palabras, ¿cómo se puede desarrollar la parte inferior del témpano? Sin hacer esfuerzo intencional para desarrollar tu identidad en Cristo, tu vida volverá por omisión a sus inclinaciones naturales de autodefensa, protegiendo una imagen externa que está cada vez más fuera de sincronización con tu identidad. Hay tres maneras clave para mantener tu carácter sano y fuerte.

## 1. Las disciplinas espirituales

Las disciplinas de la vida espiritual son actividades (parte superior del témpano) que afectan la identidad (parte inferior del témpano). Puede parecer contradictorio que tenemos que «hacer» algo para profundizar nuestro «ser», pero esa es la misteriosa manera en que Dios nos ha creado. Al participar en ciertos comportamientos habitualmente, somos transformados interiormente.

Recientemente hablé con un hombre que, debido a una relación extramarital, estaba a punto de divorciarse hace cinco años. Él recordó que en ese momento él me había preguntado: «¿Qué puedo hacer para cambiar mi naturaleza?».

Mi respuesta fue: «Coloca comportamientos diarios cambiados uno sobre el otro, y tu naturaleza comenzará a cambiar también». Actualmente el carácter de ese hombre *está* cambiado: su naturaleza está siendo reformada de una manera nueva y saludable. Aunque pueda parecer extraño que nuestra identidad puede ser profundizada a través de acciones, así es como funciona, pero requiere disciplina y perseverancia.

## 2. La proximidad de otros

Imagina que estás en un bote en el norte del Atlántico y ves un témpano a gran distancia. La única parte que puedes ver es la parte de arriba. A tal distancia, el ángulo de tu vista requiere que veas a través de demasiada agua para ver la parte inferior.

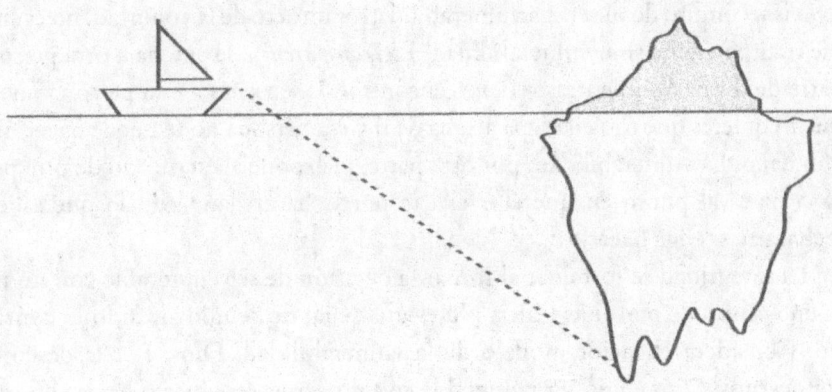

Sin embargo, si te acercas al témpano, descubres que puedes ver directamente a través del agua clara y observar la parte de abajo del témpano.

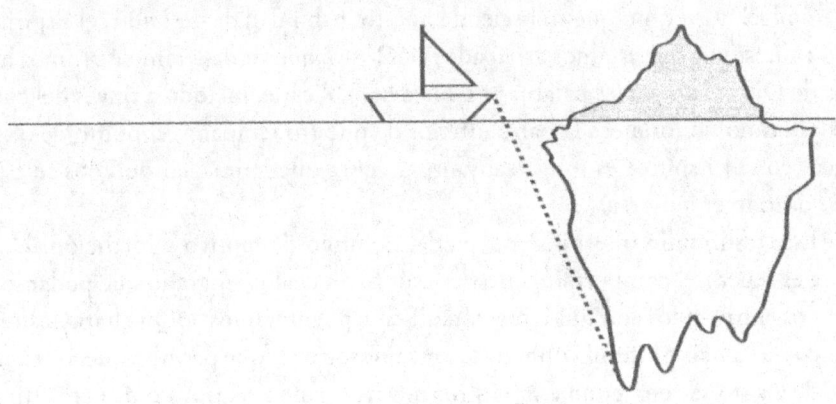

De manera similar, cuando la gente sabia y devota se mantiene a cierta distancia de ti, no pueden ver la parte oculta de tu identidad. No pueden animarte acerca de la continuidad o confrontarte acerca de la discontinuidad entre quién eres y lo que haces. Es importante invitar a unos cuantos dignos de confianza para que naveguen a tu lado y se asomen y vean quién eres. Cerca de ti, te pueden afirmar o te pueden hacer responsable por falta de integridad que no es visible a la distancia.

Dejar que otros se acerquen tanto puede ser aterrador porque les das acceso a lo más recóndito de tu ser. La vulnerabilidad es un acto de la voluntad, no es simple transparencia, sino vulnerabilidad. La *transparencia* le enseña a otra persona parte de ti mismo mientras retienes el control. Le enseñas a esta persona que lo que tú quieres que él o ella sepa acerca de ti y esa persona no te puede hacer ningún daño. La vulnerabilidad, por otra parte, te expone al escrutinio de otra persona hasta al punto en que él o ella te puede hacer daño con lo que sabe y rechazarte si elige hacerlo.

La integridad se fortalece al tomar la decisión de ser vulnerable con un pequeño grupo de personas leales. No es una señal de debilidad, todo lo contrario. Considera el mejor modelo de la vulnerabilidad: Dios. Por el deseo de conocernos, Dios eligió ser vulnerable con nosotros, ser abierto hasta al punto de ser rechazado por nosotros. La cruz representa el rechazo máximo que fue la consecuencia de la vulnerabilidad de Dios. Seguir el ejemplo de Dios no es una debilidad; desarrolla fortaleza cuando surge del deseo profundo de conocer a Dios, a nosotros mismos y a otros.

### 3. El testimonio del Espíritu

A un nivel misterioso que transciende nuestra habilidad de describir, el Espíritu Santo atestigua que estamos arraigados en Cristo, que verdaderamente somos hijos de Dios. Aunque las palabras no pueden explicar el método a través del cual este testimonio fortalece la parte inferior de nuestro témpano, el punto de contacto con el Espíritu es muy real y nos asegura que la imagen de Dios se está moldeando en nosotros.

Este testimonio interno se ocupa del dominio de motivo e intención. Una cosa es repetir el comportamiento de Jesús hasta cualquier grado que podamos: Somos enfrentados con una situación difícil y preguntamos: «¿Qué haría Jesús?» Pero es una más profunda obra de Dios en nosotros la que permite que los *motivos* de Cristo se conviertan en nuestros motivos. Este es el trabajo de convertirse más como Cristo: El corazón de Dios se manifiesta a través de Cristo y a través de aquellos que se están convirtiendo más a él.

Cuando estás construyendo la parte inferior de tu témpano, fortaleciendo la integridad de tu vida, trayendo continuidad entre quién eres y qué haces, reflexiona sobre el testimonio interno del Espíritu Santo para examinar tus motivos y tus intenciones. ¿Reflejan los motivos de Cristo? ¿Son congruentes con lo más profundo del amor de Dios? ¿Estás seguro de que quien eres le agrada al Señor? Esta práctica regular de reflexión y contemplación es una parte indispensable para fortalecer tu integridad porque ayuda a asegurar los motivos correctos mientras se proyecta una imagen pastoral.

* * *

La integridad, tal vez más que cualquier otro rasgo, siempre está en juego en el ministerio pastoral. Las tentaciones del poder, la posición, la imagen, la importancia, el desarrollo del ego, sin hablar de los instintos más viscerales como el dinero, el sexo y las adicciones, siempre están tocando la puerta del corazón del pastor, pero no existe un elemento más disuasorio de la efectividad que la falta de integridad personal. Cuando hay una falta de continuidad entre quién es un pastor y lo que este hace, la credibilidad, la influencia y la confianza se pierden rápidamente y son difíciles (sino imposibles) de recuperar.

Hace años mientras terminaba el seminario, observé cómo los líderes del seminario trataban de determinar a dónde irían para cumplir con su llamado. Cada año, líderes denominacionales llegaban al campus para entrevistar a candidatos jóvenes prometedores, y yo fui testigo de primera mano de estos días de «mercados de carne» (como llegaron a conocerse).

Después de que amigos y compañeros de clases salían con mucha esperanza de las entrevistas, yo por supuesto les preguntaba cómo les había ido. Mis preguntas en general eran contestadas con la respuesta apropiada de que la oración y el diálogo continuo determinaría lo que era mejor para la iglesia y para el candidato. Pero algunas me preocuparon.

En unos cuantos casos, el candidato contestó: «Me fue bien... pero voy a esperar a que me ofrezcan un mejor salario» o «Estoy esperando uno que tenga rectoría» o «Quiero algo en la Florida o en el sur de California». En el momento era un poco gracioso, pero tenía que preguntarme: ¿Era el cargo de pastor un trabajo o un llamado? ¿Cuál era el motivo verdadero de estos futuros líderes? ¿Era compartir el amor de Dios hacia la gente, o establecer carreras cómodas y seguras con salarios para sí mismos?

La mayoría de esos candidatos ya no están en el ministerio. La falta de consecuencia entre quiénes eran en su carácter y motivos, y lo que hacían en sus palabras, acciones y decisiones causó una desintegración que condujo al ineficaz liderazgo pastoral.

Es una equivocación creer que puede existir la eficacia donde no existe la integridad. Este hecho no supone que los pastores efectivos son perfectos y nunca fallan en su integridad. Pero hasta en el fracaso, la integridad es el ingrediente esencial para restaurar la salud y la plenitud que reflejan el carácter de Dios, y para restablecer la eficacia renovada y seguir el llamado de Dios.

**NOTAS**
1. Kevin W. Mannoia, *The Integrity Factor: A Journey in Leadership Formation*, Regent Press, Vancouver, B.C. 2006, n.p.
2. Gordon MacDonald, comentarios escritos en *15 Características de los pastores efectivos*.

## FUNDAMENTOS EN LA HISTORIA DE LA IGLESIA

### MARTÍN LUTERO (1483-1546) Y JUAN CALVINO (1509-1564)

Martín Lutero enfatizó las funciones de los pastores incluyendo el ministerio de la Palabra, el bautismo, la administración del pan y el vino sagrado, los pecados atados y desatados, y el sacrificio. Él puso gran énfasis sobre el cuidado pastoral, el cual siempre se relacionaba directamente al ministerio de la Palabra.

Juan Calvino vio la eficacia como un desempeño exitoso de los papeles de predicar, gobernar y pastorear. Su preocupación era la ganancia y la educación del oyente. A esta responsabilidad, él añadió las cuestiones importantes de la administración de los sacramentos y la visita de los enfermos.

## Característica 5

# EL AMOR HACIA LA IGLESIA:
*Demuestra amor y fervor por la Iglesia de Jesucristo a través de sus acciones*

«¡Vayamos a la iglesia hoy!» Sale la familia en el automóvil, pasan por la calle, alrededor de algunas esquinas, o en algunos casos hacen un viaje de 30 minutos por la carretera. Salen del automóvil, dispersándose en direcciones diferentes a salones diferentes donde cada uno de ellos participa en una actividad diferente. A la hora designada, todos se vuelven a encontrar en el mismo banco para sentarse y escuchar la extensa introducción después del cual los niños se van para otro lugar para un programa especial que los mantendrá interesados mientras los adultos se quedan para escuchar el sermón.

Después de mezclarse y ponerse al día con amigos, y las interrupciones a través del vestíbulo y el estacionamiento, todo el mundo se apila dentro del automóvil para un viaje corto a Carl's Jr., Taco Bueno o (si tienen suerte) el Grand Buffet Palace. El apuro comienza a disminuir al llegar a casa: la gente se va a hacer tarea, a tomar siestas o a jugar fútbol. Todo el mundo está contento, ¡fueron a la iglesia! Qué experiencia, ¡es fantástica!

George Barna, el analista de tendencias y el líder estratégico, ha sido criticado por ser anti-iglesia. Él sugiere que hemos desentrañado la iglesia al redefinirla como una experiencia cultural y que no hemos entendido el punto de la iglesia. Él cree que la iglesia no es uno de esos programas con un paquete opcional de alta calidad que incluye un almuerzo y un juego de fútbol como una bonificación.[1]

Todo el mundo tiene el derecho a su propia opinión, pero creo que Barna es una de las personas más optimistas que conozco. ¿Quién rayos invierte su vida en una proposición decadente? Si la iglesia fuera de verdad una causa perdida, yo no creo que se dedicaría a entenderla y a dar la alarma. Lo que hemos creado con la iglesia institucional pueda que no sea atractivo o eficaz, pero la iglesia de la cual está optimista George Barna, la esposa y el cuerpo de Cristo, es vibrante y real.

Los pastores efectivos son positivos y apasionados acerca de la naturaleza y misión de la iglesia local y global, y su amor se manifiesta en actos bondadosos de liderazgo valiente que guían a la iglesia hacia la madurez y el alcance. Poseen un amor profundo por el reino de Dios en el mundo, reflejado en el cuerpo de Cristo. Estos pastores no están ni engañados por imágenes falsas que alegan ser la iglesia, ni mal informados por actividades institucionales que distraen a la iglesia auténtica. Puede que estén desilusionados por la manera en que hemos transformado y redefinido la «iglesia» (como Barna), pero permanecen optimistas y seguros de que Dios, en su misericordia, puede continuar usando a su esposa para llevar a cabo su obra en el mundo. Ellos ven más allá de las trampas y los adornos hacia la verdadera fibra de la iglesia y han explotado el elemento vital de la obra de Dios. Después de todo, ¡la iglesia es la manera en que Dios establece su reino en la Tierra como lo está en el cielo! Esa visión es de la que se enamoran los pastores efectivos.

La relación de amor comienza con un entendimiento más profundo de lo que es la iglesia en realidad. ¿Es la iglesia un regalo de Dios que reciben y siguen los cristianos? ¿Está la iglesia presente donde sea que se «reúnan dos o tres»? ¿Proviene de la presencia de los santos? ¿Entran las personas al cuerpo orgánico una vez que se identifican con Cristo? Tú tienes que participar, reflexionar, orar y estudiar para estar en paz con estas preguntas. A donde sea que llegues en tu eclesiología, en cualquier dirección que te inclines en tu entendimiento de la iglesia, una cosa es clara: Es el cuerpo de Cristo a través del cual el Espíritu Santo trabaja para llevar a cabo los propósitos de Dios en el mundo.

Los pastores efectivos cultivan un amor por ambas, la iglesia universal y la iglesia local.

## La iglesia universal

Una de las preguntas más grandes que enfrentan los líderes hoy es: ¿Cuál es la naturaleza y la misión de la iglesia? Por siglos los consejos eclesiásticos han luchado con esta pregunta. La pregunta ha sido el tema de reuniones y estudios ecuménicos. Algunas personas llegan a la conclusión de que es evidencia de una iglesia dividida. Algunos hasta se atreven decir que si tenemos que preguntar, no somos dignos de ser llamados cristianos.

Sin embargo, cada vez que he visto a gente reunida para honestamente obtener una respuesta, he descubierto pozos profundos de amor y fervor hacia la iglesia. En los debates, aunque sean acalorados, veo pasión por entender la obra misteriosa de Dios. Veo el anhelo para que Dios le de forma al cuerpo de Cristo como reflejo del reino. En las relaciones que se dan entre las personas que luchan con esta pregunta, veo unidad y solidaridad que solo pueden ser atribuidas a la obra de Dios, incluso cuando existen diferencias. Cuando veo a la gente captar la pregunta a nivel global, nacional o local, veo pasos tomados hacia un amor y fervor más profundo por la iglesia.

Cuando *tú* captas la pregunta de la naturaleza y misión de la iglesia, oponiéndose la sabiduría del Espíritu y lidiando con otros que son tan apasionados, tú también verás que tu amor y fervor por la iglesia comienza a crecer. Puede que nunca respondas la pregunta, pero ese no es el punto. El deseo que lleva a la pregunta y a la exploración que le sigue, tendrá su efecto deseado en tu profundo amor por la iglesia.

Observa que la Característica 5 tiene dos aspectos muy importantes: *amor* y *fervor*. El amor tiene que ver con la *naturaleza* de la iglesia mientras que el fervor está relacionado con la *misión* de la iglesia.

El amor es el compromiso total de la voluntad en respuesta al conocimiento profundo de algo o de alguien. El verdadero amor no puede existir donde hay ignorancia acerca de la naturaleza de la persona, su identidad o carácter. El amor proviene de y responde a la naturaleza del ser querido. Tu liderazgo debería de demostrar un amor hacia la iglesia, el cuerpo de Cristo, que fluye del conocimiento de la naturaleza de la iglesia.

El fervor es el amor que encuentra su expresión en la acción. El fervor fluye del pozo más profundo del amor pero es evidente cuando se capta en la acción. Tu liderazgo tiene que demostrar fervor activo por la iglesia como producto de tu amor por ella. Tu fervor tiene que informarse y guiarse por lo que sabes acerca de la naturaleza de la iglesia y sus propósitos en el mundo. En otras palabras, el fervor es la participación activa en la misión de la iglesia.

Te puedes estar preguntando: «¿Cómo puedo aprender a amar a la iglesia?» Muy buena pregunta. La respuesta es, *El amor simplemente no sucede*. No es una emoción espontánea. Tú eliges amar y aprendes a amar, y el amor a la iglesia comienza cuando profundizas tu amor por el Señor de la iglesia: la Cabeza, Jesucristo. (Es gracioso como todas las características de los pastores efectivos vuelven a lo mismo: buscando el conocimiento de Dios, el amor por Jesús y la intimidad con el Espíritu Santo; esto es obvio, sin embargo, debido a que la iglesia y tu llamado como pastor provienen del deseo de Dios de compartir su amor con todo el mundo. ¡No lo puedes compartir si no lo has sentido tú mismo!)

## La iglesia local

La iglesia local es lo mejor de la comunidad cristiana, ya que el pueblo de Dios refleja los principios del reino: Amarse el uno al otro. Animarse el uno al otro. Soportar las cargas del otro. Regocijarse el uno con el otro. Confesarse los pecados el uno al otro. Hablarse la verdad en amor el uno al otro. Estos principios, cuando se practican, reflejan a Cristo trabajando en la comunidad. Eso es la iglesia.

Puede que a veces los pastores tengan que conservar la comunidad cristiana como la esencia de su iglesia, y al hacer esto puede requerir decisiones arriesgadas o dolorosas. Puede significar el sacrificio propio para proteger a la iglesia local. Cuando se desafía a algo que amas, estás dispuesto a tomar riesgos para defenderlo. Esa es la naturaleza del amor.

Tal vez te ves a ti mismo alejándote de estas decisiones difíciles, actuando por conveniencia, haciendo decisiones que parecen seguras, pero que poco a poco corroen el cuerpo de Cristo. Te ves evadiendo retos diarios de la vida de la iglesia:

«¿Deberíamos de demandar al voluntario que nos robó el equipo?».

«¿Le digo al millonario de la iglesia que su dinero no lo convierte en el jefe?».

«¿Puedo dejar que permanezca este espíritu divisivo entre nosotros?».

Es fácil dejar que este tipo de cuestiones tomen su propio curso y tener la esperanza de que al hacerlo te salves de la crítica y el daño personal. Pero en el proceso, es a la iglesia a la que se lastima, y Jesús anhela ver a su esposa conservada y cultivada con los principios del reino que proceden de su Espíritu.

No estoy diciendo que los pastores deberían de ver toda amenaza u obstáculo como causa para pelear, pero cuando la esencia de la comunidad cristiana está siendo comprometida en tu iglesia, ¿cómo respondes? ¿Eres cobarde? ¿Dejas que ocurra lo que sea y tratas después de racionalizar tu negligencia? Si es así, tú probablemente no amas a la iglesia. Puede ser que ames la *idea* de la iglesia. Puede ser que hasta ames la posición que ocupas en la iglesia, pero has perdido la pasión que te impulsa fervorosamente a la acción para defender lo que amas... y probablemente no eres muy eficaz.

Porque la iglesia es tanto divina (implantada con el Espíritu Santo) como humana (compuesta de personas), existe un elemento espiritual e institucional en su naturaleza. El elemento institucional permite que la naturaleza espiritual tome forma de manera que la gente pueda entender: es tangible. La podemos ver. La podemos entender porque es una organización con la que nos podemos relacionar. El elemento espiritual, por otra parte, es lo que convierte a la iglesia en un organismo y no simplemente en una organización. Es la vida de la iglesia, conservada por la propia presencia de Cristo.

Un pastor eficaz reconoce y busca cómo conservar este equilibrio dinámico. El lado institucional de la iglesia no se deshecha por no ser espiritual, ni tampoco se convierte en algo tan importante que sacia la vitalidad que proviene del Espíritu. El equilibrio y el respeto saludable por ambos están tejidos juntos por el amor hacia lo que representa la iglesia: el Espíritu de Cristo trabajando entre la gente.

Debido a que la iglesia mora dentro de la presencia de Dios, no es solamente una institución y no ha de ser manipulada por líderes egocéntricos que quieren construir sus propios imperios. Los pastores que obtienen beneficios de la iglesia lo hacen bajo su propio riesgo y para el perjuicio de otros líderes. Con sus ganancias, manchan y prostituyen lo que tenía la intención de ser una manifestación vibrante de Cristo, trayendo más cerca el reino de Dios. Los pastores efectivos se indignarán por tales perversiones.

* * *

¿Recuerdas cuando te enamoraste de tu pareja por primera vez? ¿O tal vez tu primer novio o novia? No podías obtener suficiente información acerca de esa persona. Querías pasar tiempo con él o ella para aprender acerca de su persona. Hacías preguntas, escuchabas los que otros decían acerca de esa persona, leías las cosas que escribía. Hacías todo lo que era posible para descubrir detalles acerca de esa persona.

¿Quieres aprender a amar la iglesia? Estudia y aprende acerca de su naturaleza. Entender la naturaleza de la iglesia significa que exploras todos los aspectos de ella. La estudias, la buscas, haces preguntas acerca de ella, te abres a ella; *la conoces*. Conforme conoces su naturaleza, tu amor por la iglesia crecerá, y según crece ese amor, tu fervor por la misión de la iglesia prosperará con pasión y poder.

**Nota**
1. George Barna explora estas ideas en su excelente libro *Revolución*, Tyndale House Publishers, Carol Stream, IL, 2006.

## FUNDAMENTOS BÍBLICOS

### EFESIOS 4

*Poimen* es la palabra griega traducida como «pastor» en el Nuevo Testamento. La única vez que se usa *poimen* en el Nuevo Testamento para indicar una posición dentro de la iglesia es en Efesios 4:11: «Él mismo constituyó a unos … y a otros, pastores y maestros». El uso de «y a otros» para indicar a ambos «pastores y maestros» y la omisión del artículo antes de «maestros», sugiere que estas posiciones tenían la intención de ser consideradas, en conjunto, como un solo cargo. Esto deduce que la enseñanza es una función importante de la oficina pastoral.

El pastor eficaz asume la responsabilidad de influenciar los puntos de vista y las acciones de su congregación. Acepta con entusiasmo su papel de maestro y usa todos los medios disponibles para impartir la verdad de Dios en las vidas de otros. Entiende que su vida enseña más que sus palabras.

## Característica 6

# EL LÍDER SERVIDOR:
*Demuestra una actitud de siervo devoto en sus papeles personales y de liderazgo*

Ella era una inteligente y ávida estudiante de postgrado que estaba llena de vida, potencial y deseos de aprender. Kara llegó al salón de clase temprano y eligió un asiento en el centro de las mesas acomodadas en forma de U, directamente al lado opuesto de donde yo me sentaría y me pararía para dirigir la clase. Abrió su computadora portátil, colocó sus libros frente a ella y se dejó caer en su asiento mientras se preparaba para la primera clase del trimestre.

Como lo hago con cada estudiante que entra al aula para la primera clase, me dirigí hacia ella, le ofrecí mi mano y me presenté: «Hola, que bueno que estás aquí. ¿Cómo te llamas?».

«Kara», me dijo, «y estoy muy contenta de estar en esta clase... pensé que se iba a acabar el cupo antes de poder matricularme».

«¿Sí?» dije, sintiéndome adulado de que los estudiantes se apuraban para tomar mi clase. «¿Y por qué estás emocionada acerca de esta clase en particular?».

«Bueno, porque he oído tanto acerca del liderazgo servicial y me estoy muriendo por aprender más... ¡porque escuché que de veras funciona!».

Supe en ese momento que tenía una gran tarea en mis manos. Kara era probablemente una de los cientos de personas que habían tomado esa clase por la misma razón: Han escuchado que el «liderazgo servicial funciona» y quieren estar un paso adelante con la mejor «técnica» para aumentar sus posibilidades de ser un buen líder o un jefe eficaz. Para ellos, este tipo de liderazgo solo es el último sistema de moda para desarrollar la habilidad de liderazgo. Si no lo aprenden, caerán detrás de lo novedoso de la «tecnología de liderazgo».

En los últimos años, la idea del liderazgo servicial se ha convertido en una moda, en una novedad en los estudios del liderazgo. Como una reciente adición al mundo académico, «estudios de liderazgo» está buscando su propia serie de modelos, estilos, teorías y prácticas que lo legitimarán como una disciplina académica. Para muchos, es el último y mejor modelo.

Robert Greenleaf, en su libro clásico *Liderazgo Servicial*, proveyó un punto de partida para la red en expansión rápida de centros, libros y eventos enfocados en la premisa innovadora de poner a otros primero. Greenleaf definió el liderazgo servicial en términos de la relación entre un líder y aquellos a quien este guía: «El gran líder se ve como un siervo primero, y ese simple hecho es la clave de su grandeza».[1]

En los últimos años, la idea se ha puesto de moda en los entornos seculares y sagrados por igual.[2] Los lideres cristianos encuentran familiaridad en las ideas básicas que subyacen en los principios: El liderazgo servicial es un modelo que representa mejor a los valores frecuentemente en conflicto de una vida humilde y cristiana, y una posición que requiere la iniciativa, la audacia y el liderazgo.

El problema no es con la primera articulación del liderazgo servicial. El libro de Greenleaf y las obras posteriores que expanden el concepto tocan el llamado claro al liderazgo sólido y poderoso. El problema se encuentra en la percepción de que el liderazgo servicial es un *estilo* de liderazgo, alineado junto a otros estilos de los cuales puede elegir el líder.

## La servidumbre no es una moda

Hay un patrón que se desarrolla cuando una nueva idea entra a la escena. La primera generación en adoptar y articular la nueva idea encarna los principios internamente pero los describe con palabras y comportamientos objetivos. Llegan entonces seguidores que oyen las palabras y observan los comportamientos y, en su entusiasmo, «predican el evangelio» de los principios enfatizando las palabras y los comportamientos. A largo plazo, debido a que aún no han interiorizado los principios centrales, terminan redefiniéndolos como una mera imitación de esas palabras y esos comportamientos.

En cierto sentido, este es el ciclo que ocurre con la idea del liderazgo servicial. Aunque no es nada nuevo, en vista de que proviene del corazón de Dios y el mejor ejemplo es la vida de Jesús, ha obtenido un interés renovado en los estudios contemporáneos de liderazgo con la ayuda de empresarios y de teóricos. El nuevo reconocimiento del liderazgo servicial es un descubrimiento maravilloso para muchos líderes en ámbitos corporativos y educativos, y el surgimiento de interés en el liderazgo servicial dentro de los círculos cristianos ha conducido a su aplicación en diferentes situaciones, desde el liderazgo según la posición hasta el matrimonio.[3] Pero con toda la emoción rodeando la «nueva» idea, los pastores no deben de caer víctimas del error de que el liderazgo servicial es meramente un grupo de palabras y comportamientos.

El liderazgo servicial es mucho más que un estilo de liderazgo. No está en competencia con el «liderazgo participativo» o el «liderazgo contingente» o el «liderazgo autocrático» o el «liderazgo liberal» o cualquier otro estilo que quieras sumar a la lista. Cuando se relega a tal «catálogo de estilos», el liderazgo servicial se pierde en el mar de opciones y fracasa en el servicio a los pastores como un fundamento subyacente para la eficacia en el ministerio.

El liderazgo servicial está en el corazón de la eficacia del liderazgo pastoral. Los pastores efectivos comienzan cada relación con una perspectiva de servidumbre que pregunta: «¿De qué manera te puedo animar para que te sientas valorado y seguro de seguir el destino de Dios para tu vida?» Esta humildad de liderazgo es lo suficientemente audaz para dirigir a la gente, pero siempre se motiva por los propósitos de Dios y no por las ganancias personales.

Kara estaba tan emocionada por aprender la última tecnología, de adquirir la habilidad más nueva y aplicarla. Sin embargo, en nuestra clase ella no aprendió cómo *hacer* el liderazgo servicial, la disciplina, el estilo, el método. Lo que aprendió fue lo que significa *ser* un líder servicial. Cuando Kara terminó la clase unos cuantos meses después, ella escribió: «Nunca pensé que aprendería tanto acerca de mí misma y quién soy. Ahora sí entiendo».

El liderazgo servicial es una *condición*, no un estilo. Es una condición en la identidad del líder. Tomando el riesgo de que te puedo confundir, los líderes serviciales pueden usar varios estilos de liderazgo y ser efectivos, porque la servidumbre no es una competencia entre estilos de liderazgo; es fundamental para todos, especialmente en el contexto del reino. Puede ser que tengas una personalidad, un don y experiencias que se prestan a un estilo particular de liderazgo, y eso está bien. Ese estilo no será eficaz, sin embargo, hasta que se arraigue en una identidad siervo-líder. La iglesia no es solamente otra organización, y ser un líder dentro de ella requiere el alineamiento de sus líderes con la naturaleza de su Cabeza. El liderazgo servicial es ponerse la mentalidad servicial de Cristo y permitir que esa naturaleza influya cualquier estilo de liderazgo que sea el más apropiado para tu don.

## Jesús: El siervo líder

El origen del liderazgo servicial es Jesucristo, y uno de los mejores lugares para encontrar el principio en acción es en el pasaje *kenosis*.[4] Jesús aceptó el llamado del Padre para tomar forma humana. Hacerlo requería dos cosas: Primero, requería que él entregara sus derechos como Dios. Él no mantuvo esos derechos de manera defensiva sino que se desprendió de lo que era de él para poder cumplir con el llamado del Padre, reconciliando al pueblo de nuevo con su Creador y restaurando la plenitud que Dios deseaba para ellos.

Segundo, su llamado requería que se humillara. Vaciarse tiene que ver con derechos, mientras que humillarse tiene que ver con la voluntad. La cabeza inclinada y la rodilla doblada son simbólicos de la voluntad humana rindiéndose a la voluntad de Aquel que servimos. Jesús se inclinó en obediencia a la voluntad del Padre en el acto supremo de humildad.

Sus actos de vaciarse y de humillarse se han revisado en varias ocasiones. Cuando Jesús se vio tentado, en el desierto y en la cruz, él tenía la habilidad de reclamar sus derechos como Dios y superar las circunstancias dolorosas, pero decidió mantener sus manos abiertas, dispensando sus derechos por el bien del pueblo y para cumplir con su compromiso de cumplir la voluntad del Padre. En el jardín de Getsemaní, la lucha más intensa de Jesús tal vez no fue una aversión al dolor físico, sino una batalla entre voluntades. En el acto supremo de humildad, Jesús dijo *No* a su propia voluntad y *Sí* a la voluntad del Padre: «Pero que no sea lo que yo quiero, sino lo que quieras tú» (ver Mateo 26:39).

Este pasaje, tal vez más que cualquier otro, demuestra el patrón del verdadero siervo líder. Demuestra el corazón, el fundamento, la motivación, la *identidad* de Aquél cuyas actividades de ministerio son el programa para las nuestras. Pasar por alto su enfoque de esas actividades, sin embargo, anula nuestra habilidad de seguir su programa, y tratar de repetir el liderazgo servicial como un estilo pierde el poder de la identidad que lo impulsa. La *identidad* es de donde proviene la eficacia en el liderazgo pastoral: no estilo sino condición.

Uno de los factores más importantes cuando consideramos a Jesús un siervo líder es la pregunta: ¿A quién estaba sirviendo Jesús? Alegar servidumbre implica que existe un amo, y si tú dices que eres un siervo líder, primero tienes que decir a *quién* estás sirviendo. Las actividades reflejan la identidad del siervo y, más importante aún, la prioridad del Señor.

Entonces, ¿a quién le estaba sirviendo Jesús? ¿Se estaba sirviendo a sí mismo? Lo más probable es que no; la batalla de voluntades no hubiera sido necesaria si ese hubiera sido el caso. ¿Le estaba sirviendo al pueblo? Se podría decir que sí, ya que hizo tanto por el pueblo. De hecho, Mateo documenta que Jesús dijo que él «no vino para que le sirvan, sino para servir» (Mateo 20:28). La palabra que Jesús usó aquí indica *ministerio* más que servidumbre: Él no vino a ser *ministrado*, sino a *ministrar*. Esto nos ayuda a contestar la pregunta, ¿Fue *servidumbre* lo que él le dio al pueblo, o fueron *actos de servicio*? Una gran diferencia.

De nuevo, ¿a quién estaba sirviendo Jesús? La única respuesta apropiada, la cual el propio Jesús dio, es que él vino a «cumplir la voluntad de mi Padre». Él se desprendió de sus derechos y se humilló para poder cumplir la voluntad de su Señor. Él no estaba tratando de cumplir con los deseos y las necesidades de todo el mundo; él no estaba tratando de imponer su propia voluntad y preferencia. Simplemente estaba sirviéndole a Dios. Porque la voluntad del Padre era restaurar a la gente, la agenda de Jesús ya estaba establecida y era su responsabilidad afirmar su decisión una y otra vez, desde su tentación en el desierto hasta su muerte en la cruz.

## ¿A quién estás sirviendo tú?

El liderazgo servicial gira sobre la pregunta, ¿A quién le estás sirviendo? La mayoría de los pastores dirían que ellos le sirven a su congregación. ¿Es eso en realidad lo que hizo Jesús? Él sanó, enseñó, condenó, disciplinó, bendijo y predicó, pero esos eran *actos de servicio* que ministraron a las necesidades de la gente. Esos actos surgieron de su compromiso a cumplir la voluntad de Dios para que el pueblo se restaurara. Jesús tenía un solo Señor, no varios. Si dices que vas a servirle a la gente, te conviertes en una persona complaciente. Ese camino conduce al agotamiento y la frustración cuando ves que no puedes cumplir con las necesidades de todos. Terminas persiguiendo un objetivo inalcanzable establecido para ti por personas quebrantadas y lastimadas que esperan que cumplas con cada demanda. Si caes víctima de la trampa, te vuelves codependiente con personas que no saben ser independientes, y te pierdes el ministerio eficaz de cumplir con sus necesidades a través de la confianza tranquila del servicio a Dios.

Existen muchos amos para seleccionar. Tú puedes servir a tu propia sed de reconocimiento o a tu deseo por sentirte seguro; cuando eliminas las capas de la actividad del ministerio, descubres que te estás sirviendo a ti mismo. Tal vez estás sirviendo a las expectativas de tus padres, de tus compañeros o de tus supervisores. Lucharás por cumplir la voluntad o los deseos de tu amo, sea lo que sea o quien sea. Si tu amo es el yo, entonces el yo impondrá la agenda. Si tu amo son otras personas, entonces la voluntad y las prioridades de estas decidirán tus caminos y tu comportamiento. Si tu amo es Dios, entonces tu comportamiento y tus acciones reflejarán las prioridades y la naturaleza de Dios: igual que Jesús. Un siervo se esfuerza para complacer a su señor. ¿Quién es el tuyo?

Tu señor determinará:

1. *En quién te convertirás.* Cuando tu identidad se ata a un centro, ese centro deja una marca en ti. La servidumbre, por definición, cede tus

derechos y tu voluntad a tu amo. Esto le permite al amo actuar a través de ti, para formarte y para transformarte en lo que el amo quiere.

2. *Lo que haces*. Todo amo tiene una agenda. Cualquier persona que esté comprometida a servir al amo pondrá en acción toda su energía y esfuerzo para cumplir con esa agenda. Tus actividades se inclinarán ante la agenda de quien sea que sirvas.

3. *Cómo haces lo que haces*. Servirle a un amo no es solo acerca de «qué» sino también de «cómo». ¿Alguna vez has conocido a un líder cristiano quien es insistente acerca de lo que hace y todo suena muy bien hasta que trabajas con él y te das cuenta de que en realidad es poco cristiano en su conducta? Algunas de las personas más dañinas de la iglesia no son sus enemigos declarados sino aquellos que no reflejan devoción cuando llevan a cabo actividades cristianas. No es posible servirle a Dios sin que la devoción se integre en la manera que haces tus obras.

Elige bien a tu amo. Es la decisión más importante que harás, y será la diferencia entre la eficacia y la ineficacia en el liderazgo pastoral.

## La formación del siervo líder

La Escritura no solo está clara con respecto a lo que significa ser un siervo líder siguiendo el ejemplo de Jesús, sino que también nos enseña un patrón de formación para los siervos líderes. Échale un vistazo a Isaías 52:13-15:

> Miren, mi siervo triunfará; será exaltado, levantado y muy enaltecido. Muchos se asombraron de él, pues tenía desfigurado el semblante; ¡nada de humano tenía su aspecto! Del mismo modo, muchas naciones se asombrarán, y en su presencia enmudecerán los reyes, porque verán lo que no se les había anunciado, y entenderán lo que no habían oído.

Hay tres etapas de formación: El versículo 13 es la etapa de *declaración*, el versículo 14 es la etapa del *sufrimiento* y el versículo 15 es la etapa de *cumplimiento*. Hagamos un recorrido a través de varios relatos acerca de líderes en la Biblia y veamos el patrón de formación del pensamiento del siervo que tienen todos en común. Observa como este patrón se hace evidente a través del curso de sus vidas.

## Característica 6

Considera a Jesús. Durante su bautismo, Dios habló y una paloma descendió con la *declaración*: «Éste es mi Hijo» (Mateo 3:17). En su Pasión, encontramos el *sufrimiento* que resultó de su decisión de servirle al Padre: la declaración de su identidad en realidad fue sacada a martillazos. Después resucitó de la muerte y, al hacerlo, *cumplió* todo lo que Dios había deseado para él: restaurar a la gente a la plenitud.

O piensa acerca del rey David. Cuando era niño, Samuel el profeta vino y *declaró* a David como el futuro rey de Israel. No pasó mucho tiempo, sin embargo, para que David se encontrara corriendo de cueva en cueva, viviendo la mínima existencia, luchando por sobrevivir. ¿Te puedes imaginar la confusión en la mente de David, después de haber sido ungido y celebrado como el próximo rey, encontrarse ahora *sufriendo* como un criminal? Aun así, Dios llamó a David «un hombre conforme a mi corazón» (ver Hechos 13:22). ¿Qué mejor *cumplimiento* podría pedir una persona?

¿Y qué de Moisés? Nació y fue criado en las cortes del faraón, sabiendo que le serviría a su pueblo de alguna manera increíble, habiendo sido *declarado* un futuro líder. Pocos años después, él estaba en desesperación, *sufriendo* 40 años de servicio como pastor en el desierto. Imagínate su sentido de pérdida, desilusión y desesperanza. Ahora adelantémonos a su encuentro, cara a cara, con Dios en el Monte Sinaí. ¡Qué *cumplimiento* y confirmación!

Mira a Ester. Ella era reina de Persia cuando su primo declaró que Dios la había hecho reina «para un momento como éste» (4:14). Ella *sufrió* la lucha de escoger entre su propia vida o la de su pueblo. Y finalmente, la aflicción que sentían los judíos «se convirtió en alegría, y su dolor en día de fiesta» (9:22) cuando Ester *cumplió* con su llamado y los rescató.

En el Nuevo Testamento hay muchos ejemplos de este patrón de formación, principalmente Pablo. Este era un hombre *declarado*, en camino a Damasco, una persona que Dios usaría poderosamente, quien *sufrió* en manos de aquellos a quien una vez el había servido. Aún Dios afirmó el llamado de Pablo a los líderes de la iglesia, y su misión para los gentiles comenzó el *cumplimiento* de la Gran Comisión.

| Nombre | Declaración | Sufrimiento | Cumplimiento |
|---|---|---|---|
| Jesús | Bautismo | Crucifixión | Resurrección |
| David | Unción de Samuel | Morando en cuevas | El corazón de Dios |
| Ester | Reina | Posibilidad de muerte | Judíos salvados |
| Pablo | Camino a Damasco | Persecución | Misión para los gentiles |
| Tú | _____ | _____ | _____ |

Ahora considera tu propia vida y llamado. ¿Recuerdas los momentos o estaciones de cada etapa? Permite que los acontecimientos de tu vida cuenten sus historias y observa si este patrón surge. Permite que el Espíritu Santo guíe tu pensamiento. Esto no es una fórmula establecida; es un *patrón descriptivo* que se observa evidente en las vida de aquellos líderes que ha usado Dios con gran eficacia.

Es importante observar que una persona no puede proceder de *declaración* a *cumplimiento* sin pasar a través del *sufrimiento*. De hecho, el sufrimiento es el rasgo único de los líderes del reino, fundamental para la formación de la identidad servicial. Sin él, alguna otra agenda está en acción, probablemente la del yo. ¡Esto no es para sugerir que deberíamos de tratar de embarcarnos en nuestro propio camino de sufrimiento para poder pasar a la etapa de cumplimiento y exaltación! El sufrimiento no es la meta; *es el camino*. No es una prescripción; es una descripción de cómo Dios forma a los líderes, esencial pero no para ser buscada o designada. A través del sufrimiento, la autodeterminación se elimina por la voluntad de nuestro Señor.[5]

## El llamado del siervo líder

Uno de los elementos más disuasivos para el crecimiento de la iglesia en los años recientes es el surgimiento de la incertidumbre entre sus pastores. La eficacia disminuye en relación directa de la inseguridad de la identidad pastoral. No es sorprendente, dada la presión de obtener resultados visibles. Los pastores son como cualquier otra persona: Tienden a desempeñar su papel donde existe una expectativa clara de ese desempeño.

Conforme nuestras estructuras de iglesia crean sistemas que recompensan el desempeño y esperan resultados objetivos, los pastores se inclinan hacia esa expectativa. Sin embargo, muchos pastores tratando de hacer un mejor desempeño detectan una desconexión interna entre su función y su llamado. Son llamados a servirle a Dios y a ministrar al pueblo; ese es el llamado que contestaron mas aún se encuentran a sí mismos produciendo resultados que pueden ser evaluados, reprochados o recompensados. La identidad se confunde, la función se paraliza y la eficacia cae en picada. Nada se realiza bien. El crecimiento se estanca en la iglesia y la salud se deteriora en el hogar porque el pastor está ocupado tratando de ver qué hacer para que suban los números.

Toma un minuto para centrarte en ti mismo, pastor. En silencio considera tu llamado. Tú eres llamado por Dios, no por la institución. Tú sirves a Dios, no a la gente. Tú le ministras *a* la gente, y la institución provee una manera de cumplir tu llamado para servirle a Dios y para ministrar a la gente con coherencia, responsabilidad, afirmación y autoridad.

Si la pregunta: «¿Quién te llama a servir?» no se contesta pronto ni claramente, ningún entrenamiento, dinero, esfuerzo o buena voluntad puede alterar los patrones de la mala salud que entrará dentro de la fibra de tu congregación. Tú marcas a las personas con la naturaleza que está dentro de ti porque la iglesia es más que una organización, es el cuerpo orgánico de Cristo, y tu influencia forma su ADN. La eficacia en el liderazgo pastoral está arraigada en una identidad moldeada que sigue la mente servicial de Cristo.

\* \* \*

Ya seas un líder fuerte y directo o un facilitador moderado, un entrenador que desarrolla al equipo o un participante fuerte, un pensador estratégico o un administrador de operaciones, tú eres llamado a la eficacia en el liderazgo. El liderazgo eficaz comienza con una identidad siervo-líder, formada por la declaración del Espíritu Santo, cocinada en el horno del sufrimiento semejante al de Cristo y cumplida mientras eres usado por el Padre para restaurar la salud y la plenitud del pueblo.

### Oración de pacto por John Wesley

*No me pertenezco, soy tuyo.*
*Ponme donde quieras, asóciame con quien quieras*
*Ponme a trabajar, ponme a sufrir.*
*Sea yo empleado por ti, o desplazado por ti, exaltado para ti o rebajado por ti.*
*Haz que yo esté lleno, haz que este vacío.*
*Haz que tenga todo, haz que no tenga nada.*
*Voluntariamente y de corazón cedo todas las cosas a tu placer y disponibilidad.*
*Y ahora, glorioso y bendito Dios, Padre, Hijo y Espíritu Santo,*
*Tú eres mío y yo soy Tuyo.*
*Asi sea.*
*Y que este pacto que yo he hecho aquí en la tierra sea ratificado en los cielos.*
*Amén*

**Notas**

1. Robert Greenleaf, *Liderazgo servicial* Paulist Press, Mahawah, NJ, 1977, p.7.
2. *The Greenleaf Center* en Indianápolis, Indiana, es una fuente excelente de información respecto a la red en expansión de organizaciones y eventos centrados en el liderazgo servicial, especialmente en los entornos y aplicaciones seculares. Ver www.greenleaf.org.
3. Para aplicaciones del entendimiento contemporáneo de liderazgo servicial, ver *Servant First Reader*, editado por Grace Preedy Barnes, Precedent Books, Indianápolis, IN, 2006.
4. Filipenses 2:5-11 es referido como el pasaje *kenosis* porque describe el «vacío» de la «bondad» de Jesucristo para ser encarnado como un humano.
5. Una descripción adicional de patrón de formación se encuentra en Kevin Mannoia, *The Integrity Factor,* Regent Collage Publishing, Vancouver, B.C., 2006.

## FUNDAMENTOS EN LA HISTORIA DE LA IGLESIA

### GEORGE HERBERT (1593-1633)

George Herbert elevó el tema de la eficacia pastoral a otro nivel en su obra clásica *The Country Parson*. Herbert declaró que él escribió para «establecer la forma y el carácter de un verdadero pastor, para poder tener una meta para alcanzar». Herbert se ocupa con las características de aquellos que él consideraba pastores efectivos, hablando de la «dignidad» y el «deber» del clérigo. El clérigo debía de vivir una vida disciplinada de compromiso especialmente en «paciencia durante aflicciones» y «mortificación con respecto a deseos y afecciones».

La pureza moral y el testimonio del pastor eran el enfoque de las guías prácticas de Herbert para los pastores, la gente que busca el conocimiento, la lectura, la oración y la alegría de la predicación, y son comunicadores excelentes, entendiendo ambos: la Palabra y su audiencia. Para Herbert, un pastor eficaz era una persona de caridad, cortesía, compasión paternal y alguien que integraba su vida profesional con la personal. Más que todo, un pastor eficaz es auténtico, no presumido, «sino que es él mismo, natural, donde sea que esté». Tal vez lo más importante para Herbert era que el ministerio fluyera de la identidad y de la pasión, cultivado a través de las disciplinas espirituales.

**Característica 7**

# EL MODELO DE SANTIDAD:
*Modela y guía la congregación en la búsqueda de la santidad personal y corporativa*

Al principio solo intercambiamos chistes en el comedor de la universidad. Ella me invitó a salir primero (todavía estamos de acuerdo con eso), pero ya habíamos comido juntos muchas veces, hablando y riéndonos. Después de esa primera cita, pasamos mucho tiempo juntos, estudiando en la biblioteca, saliendo a comer y divirtiéndonos en el campus.

Comencé a hacer las cosas diferente porque quería complacerla. Me abrí a su influencia. Es una historia común, pero como cualquier otro nuevo romance, demuestra el poder de influencia que una persona puede tener sobre otra.

Según fuimos aprendiendo más y más el uno acerca del otro, llegó un momento en que ella se comenzó a sentir libre de ejercitar su influencia en otros aspectos de mi vida. No estoy seguro de cuándo fue que ocurrió, pero llegó el punto en que tenía acceso a mi ropa; de repente comencé a vestirme diferente. Algunas de mis piezas favoritas desaparecieron (eso no fue algo malo necesariamente) y mis conjuntos comenzaron a verse más sofisticados y coordinados. Como ella me acompañaba a hacer las compras, más ropa nueva y diferente tenía en mi closet.

Hasta mi papila gustativa cambió. Yo no era un fanático de los sabores delicados y sutiles del paladar danés que tenía ella; prefería los aromas fuertes y marcados del ajo, las salsas fuertes y el sazón. Yo tenía la costumbre de decir que los daneses prefieren sabores que te besan en la mejilla mientras que los italianos prefieren sabores que te golpean como un camión. Gradualmente, sin embargo, comencé a apreciar las delicadezas y los matices de la cocina escandinava.

Antes con mucho trabajo notaba las complejidades de una pequeña flor, pero hoy día puedo hacer una pausa mientras camino para admirar la creación de Dios. Ella me ha influenciado y he cambiado.

Tú probablemente tienes tus propias historias. Si estás casado, recuerda cuando eras soltero, ¿recuerdas cómo eras? O si estás soltero, recuerda cómo eras antes de conocer a tu mejor amigo o amiga. Sin duda que tu historia es como la mía, has cambiado. Abrirnos completamente a otra persona nos cambia.

Aunque mis ejemplos se enfocan en la apariencia y el comportamiento, estar en una relación cercana con alguien significa que nuestros propios patrones de pensamiento son influenciados; nuestras actitudes, nuestros valores, nuestras prioridades. Todo esto ha cambiado porque hemos permitido que otra persona accese a nuestras vidas, y la vida de esa persona nos ha contagiado. Somos diferentes por ello. Nos hemos convertido un poquito como él o ella.

De una manera similar, la santidad de Dios se filtra en nuestras vidas cuando nos abrimos a Dios. Sucede despacio y sutilmente, y con trabajo nos damos cuenta de lo que está pasando hasta que miramos hacia el pasado y vemos cuánto hemos cambiado. La santidad es de manera innata una parte de la naturaleza de Dios, así que no podemos esperar pasar tiempo con él sin que nos afecte.

## Entendiendo la santidad

La santidad es uno de los temas más malentendidos del cristianismo, sin embargo, aparece en la Escritura en casi cada página. Conforme estudiamos la Biblia, parece ser que cada vez que se menciona la idea, se usa una palabra diferente: santo, santidad, santificación, purificado, distinguido, perfeccionado; estos todos son intentos de mostrar una dimensión de la santidad de Dios. Si tratamos de encontrar una sola definición en las diferencias, nos perderemos la diversidad y la falta de claridad que mejor comunican el *misterio* de la santidad. Es más grande que nuestra habilidad para analizar, diseccionar y contener.

La santidad no se puede reducir fácilmente a una fórmula, ni tampoco es una doctrina que se puede adquirir a través del estudio y asentimiento mental. Es una *manera de ser* que fluye del corazón de Dios de manera relacionalmente transformadora. Y esa transformación no está limitada a una persona o grupo de personas. Incluye todo lo que Dios hizo primero en su totalidad.

Debido a que una transformación ocurre cuando Dios restablece la creación a una condición plena y sana, se requiere la buena voluntad de nuestra parte para ser transformados. La transformación implica convertirse en algo que no eres, y eso requiere permiso, un acto de voluntad.

Este permiso toma la forma de vulnerabilidad, donde abrimos nuestras vidas al efecto influyente de Dios para cambiarnos de tal manera que le trae más conformidad a Cristo. Tuve que exponerme a mí mismo, y aún lo hago, a la influencia de mi esposa. Eso llevó a la vulnerabilidad; fue solo entonces que su influencia tuvo un efecto transformador. De la misma manera, tenemos que exponernos a Dios y a la influencia del carácter de Dios, para que el efecto transformador de la santidad tenga efecto. La vulnerabilidad es un prerrequisito para la transformación a la semejanza de Dios.

## Un nuevo aliento de santidad

Por muchos años la noción de la santidad personal y corporativa ha sido frecuentemente descartada como legalismo rígido, casi fanático. Afortunadamente, muchos líderes reconocen ese hecho. Incluso algunos dentro del histórico Movimiento de Santidad han comenzado a admitir que, contrario a los principios del Movimiento con gente guiada por el Espíritu, transformada por Dios y obligada a actuar, la santidad ha recaído a un temor de contaminación. Comenzaron a dialogar acerca de cómo el mensaje de santidad y su poder transformador había sido tomado a la fuerza por un secuestro institucional que había desentrañado su impacto en ambos, los individuos y las comunidades.[1]

Un viento comenzó a soplar y a llorar porque algo más permitió el surgimiento de la búsqueda de la santidad como una *transformación*. Era fundamental para este nuevo aliento un sentido claro de pasión, misión y fuego que había sido restringido por el limitado y constreñido pensamiento de la santidad como una serie de comportamientos para imitar. El centro de gravedad para el mensaje comenzó a moverse otra vez desde el perímetro hacia el centro: de comportamientos hacia motivos, de temor hacia amor, de exclusión hacia inclusión, de compartimentación espiritual hacia plenitud integrada.

La santidad como un ilustrativo del evangelio se manifiesta en dos frentes. Incluye una dimensión interna de la transformación del corazón, la mente y la actitud para convertirlo a uno más como Cristo en propósito y amor. Sin embargo, también incluye una dimensión externa donde la transformación interna resulta en compasión hacia otros, y compromiso con el medio ambiente por el bien del reino. No puede existir la santidad personal sin la santidad social. La verdadera transformación interna por la obra profunda del Espíritu de Dios no se puede restringir a la vida interna; se desarrollará naturalmente en nuestras relaciones con otros, nuestras comunidad y nuestro mundo.

Las personas verdaderamente transformadas permiten que sus vidas hagan una diferencia participando y respondiendo a su entorno, sea a la injusticia, el pecado social, el dolor humano, la administración pobre de recursos o del medio ambiente, o la bancarrota espiritual. La santidad trae plenitud y curación a los seres quebrantados y a la creación en un esfuerzo de restaurar la imagen de Dios.²

Los pastores efectivos aceptan su influencia como un modelo de conducta de la santidad, demostrando lo que es vivir como Cristo en el mundo de hoy. Ponen como prioridad ayudar a su congregación a transformarse aun más en personas cristianas que traer plenitud a su entorno.

## Distinguido por amor

A través de estos múltiples flujos y reflujos de la iglesia durante muchas décadas, no es difícil imaginarse como la gente, incluidos los pastores, han llegado a malentender lo que quiere decir santidad, mas aún no podemos evadir la realidad de que es vital para la eficacia en el ministerio. El llamado a la santidad ha sido uno de los factores más importantes en el crecimiento de la iglesia alrededor del mundo, pero más importante aún, es el punto de partida para el carácter devoto en los pastores. «Santidad» no solo es otra palabra para «piedad», es el carácter santo de Dios transformando tu vida, resultando en un impulso para traer la plenitud de Cristo a todo y a todos en tu alrededor.

La santidad no es cautiverio y exclusivismo; es vida abundante y libertad. La santidad no es seguir todas las reglas; es vivir más allá de las reglas en la plenitud de la imagen de Dios. La santidad no es retirarse al aislamiento; es participar en el amor. La búsqueda de santidad nunca cesará porque el amor nunca se agota. La santidad es la *transformación* comprometida con la vida real (es importante) y la *otredad* transformar todo lo que la rodea (es misional).

Muchas personas enfatizan una u otra dimensión de la santidad sobre las otras y se encuentran a sí mismas atrapadas en extremos. Estos extremos pueden ser dimensiones legítimas de la santidad, pero si no se mantienen en tándem con las otras, fracasan en capturar la *plenitud* del carácter de Dios. La santidad a menudo se entiende en polaridades. Por ejemplo, algunos entienden la santidad como *otredad*: Dios es Otro, así que tenemos que serlo nosotros también. Ya que ven la santidad solo de esta manera, la idea de participar en un mundo quebrantado y manchado se les hace repugnante: ¡Tenemos que mantenernos separados! Pero el poder curativo de la santidad no debe mantenerse separado de la gente y de la creación para la que Dios lo tenía destinado; Jesús no se aisló, y no podemos hacerlo nosotros tampoco.

Intrínsecamente, la santidad es relacional. Dios, quien es Persona, expresa amor hacia nosotros, y en ese amor somos transformados. La esencia de la santidad es la semejanza a Cristo.³ Debido a esta naturaleza relacional de la santidad, solo puede ser apropiada en nuestras vidas a través de la intimidad y la vulnerabilidad con Dios. Asimismo, solo podemos convertirnos en canales para transformar la santidad a través de la relaciones, lo cual nos permite influenciar la vida de otros. John Wesley describió una vida transformada por la santidad de Dios de la siguiente manera: «Queremos decir uno, en quien está la mente que estuvo en Cristo y quien también caminó de la manera en que caminó Cristo… él ama al Señor su Dios con todo su corazón, y le sirve con toda su fuerza. Él ama a su vecino, a cada hombre, como se ama a sí mismo; así como Cristo nos amó a nosotros».[4]

## La santidad a través de la ósmosis

En Marcos 3, leemos acerca de cómo Jesús invita a los discípulos a viajar con él a la montaña. No parece haber existido ninguna agenda en particular; la Escritura solo dice que él los llamó para que «lo acompañaran». Para detenerse en su presencia. Para pasar el tiempo con él. Para aguantar con él. No para tener una conferencia, no para dar clase, no para escribir un libro o presentar un seminario. Ni siquiera tener una sesión para discutir estrategia. ¡Solo para *estar con él*!

Jesús entendía cómo nos había creado Dios: llegamos a ser como las personas con quienes pasamos el tiempo. Cuando pasamos mucho tiempo con alguien, las características de esa persona se nos comienzan a pegar y nos comienzan a cambiar. Eso puede ser un cambio para bien o un cambio para mal, dependiendo de quien sea la persona.

¿Recuerdas cómo te ha cambiado tu pareja o mejor amigo o amiga? ¿Recuerdas cómo mi esposa me cambió a mí? Mi ropa, mi comida, mi actitud son diferentes, y esos solo son los cambios externos. Profundos cambios internos también han ocurrido debido a tantos años juntos.

Piensa acerca de tus hijos o los hijos de la gente que conoces. Han habido ocasiones probablemente en que le has prohibido a tu hijo jugar con un amigo porque cada vez que regresa a casa después de haber jugado con «Aaron en la última casa de la cuadra» o con «Laura la vecina», tu niño está violento, grosero, chillón o desobediente. Después de un rato, haces la conexión y le dices a tu hijo que ya no pueden jugar juntos. ¿Por qué? Porque sabes que tu hijo volverá igual que los niños con quien él juega.

O tal vez tu adolescente anda desviado y lejos de Dios. Te causa dolor profundo en tu corazón solo al pensarlo. Observas con añoranza al grupo de jóvenes y deseas que tu hijo pase un poco más de tiempo con jóvenes así. ¿Por qué? Porque sabes que si tu adolescente lo hiciera, las cualidades de aquellos que participan en el grupo al final se le pegarían a tu hijo o hija y esto le ayudaría a él o ella regresar a la curación.[5]

Imagínate, entonces, ¡como permanecer en la presencia de Dios y cultivar una relación creciente con Jesucristo te afectará a ti! Si estar con una pareja (otro ser humano) o un adolescente pasar el tiempo con otro grupo de adolescentes (también humano) puede tener un efecto tan transformacional, imagínate lo que ocurre cuando pasas el tiempo con Dios, el Santísimo del universo.

*Eso* te cambiará.

Aunque el entendimiento total está más allá de nuestra habilidad, pasar tiempo en la presencia de un Dios que es santo nos hace santos, así como Dios es santo. Esto solo ocurre porque nos volvemos como las personas con quienes pasamos nuestro tiempo. Es parte de nuestra naturaleza ser afectados y transformados en relaciones cercanas donde nos hacemos vulnerables. La santidad de Dios se absorbe a través de la intimidad y a través de una relación vulnerable con Dios a través de Cristo, quien «nos contagia».

## Modelar santidad

Modelar santidad no se trata de ser un gran ejemplo de conducta honrada o de la vida piadosa, sino que se trata de caminar humildemente con Dios en intimidad y ser vulnerable a los efectos de la naturaleza y las prioridades de él. Es pasar el tiempo con Dios, sabiendo bien que el carácter y las prioridades santas de Dios se convertirán en las tuyas.

Aunque la conducta no es la manera como se adquiere la santidad en la vida, te pueden dar una indicación de la santidad de Dios (o falta de santidad) trabajando a través de ti. Donde tu vida está cautiva por comportamientos que no le complacen a Dios, puedes estar seguro de que la naturaleza transformadora de Dios está siendo interrumpida en su trabajo dentro de ti.

La naturaleza de quien eres en tu carácter depende de la dieta que alimenta a tu corazón. Si tu dieta es la presencia de un Dios santo, pronto tu vida reflejará eso. Si alimentas a tu alma con el alimento del egoísmo, la obsesión, el logro o el control, sin embargo, pronto tu vida reflejará lo mismo. Y escucha esto claramente: Tenerlo de manera combinada, no es una opción. En otras palabras, no puedes tener la posición de líder espiritual mientras alimentas los apetitos que resultan en el egoísmo o la impiedad. ¿De qué alimentas tu alma? ¿Cuál dieta sigues? ¿Qué ves en la televisión? ¿Qué buscas en el Internet? ¿En revistas? ¿De qué manera pasas el tiempo? ¿Dónde gastas el dinero? Elige bien, porque todos estos forman tu naturaleza, la cual se expresa en comportamientos santos o impíos.

Desde tu condición interna, influyes a la gente en tu congregación y finalmente se harán igual a ti. Recuerda, tu gente se abre a sí misma a tu influencia. Se hacen vulnerables a ti, a tu enseñanza, tu consejo, tu toque tierno, y esa vulnerabilidad te da tremenda influencia, la cual es una confianza sagrada dada por Dios y por ellos. Serán afectados por ti, así como tú eres afectado por aquellos a quienes te has hecho vulnerable.

Un pastor eficaz reconoce esta influencia, primero la de Dios en su vida y después, de su vida sobre las vidas de la gente. Gordon MacDonald describe de la siguiente manera al pastor que modela la santidad: «Él/ella está bastante conciente que son a menudo observados mientras buscan como emular a Cristo».[6]

## El río de santidad

Los ríos siempre corren. Un río que no corre deja de ser río, se convierte en otra cosa. El movimiento de un río es muy parecido a la santidad de Dios, y la frescura que recibimos cuando «vamos de camino». Siempre estamos convirtiéndonos. Recuerda, la búsqueda de la santidad nunca cesa porque el amor nunca puede agotarse. Siempre es fresco, dinámico, moviéndose a nuevos lugares para transformar personas y circunstancias con el amor de Dios.

Crecer en la gracia y en el conocimiento más profundo de la santidad de Dios es parte del llamado para ser discípulo, y ni mencionar el llamado para servirle a Dios como pastor. No puede existir ninguna «detención» cuando se trata de ser pastor. Se trata de salir adelante, viajar, convertirse, penetrar y fluir, obligado por la santidad que se derrama del corazón de Dios.

Los ríos siempre cambian. (Obviamente, si un río siempre está corriendo, ¡siempre está cambiando!) Los ríos responden a su entorno, forjando nuevos caminos y fluyendo en nuevo territorio.

Nuestra familia tiene una área favorita en el Parque Nacional Yosemite. Es un lugar donde el río fluye rápidamente para crear varias isletas; de hecho, se llaman Isletas Felices. Un año caminé con nuestro hijo menor lo más lejos que pudiéramos sobre una de las isletas y nos sentamos sobre una roca grande para ver cómo el agua se hacía espuma y corría a la par nuestra. Señalé un árbol en particular que estaba colgando peligrosamente sobre la orilla del río.

Al año siguiente volvimos a las Isletas Felices y mi hijo y yo hicimos la misma caminata. Pero algo estaba diferente. No pudimos encontrar la piedra, y ya no estaba el árbol que habíamos visto. Nos paramos lo más arriba posible, admirando de nuevo el poder del agua y la frescura de los rocíos. De repente, mi hijo gritó y señaló una roca 15 metros corriente arriba en medio del flujo. Sin lugar a dudas, era nuestra roca del año anterior, pero no podíamos llegar a ella, ¡el recodo completo del río había cambiado!

Si sientes rechazo hacia el cambio en tu vida, el río de la santidad de Dios no es para ti. Si prefieres la condición estática de haber llegado, te asombrará el viaje perpetuo que es inevitable en la búsqueda de la santidad. El río santo de Dios, por naturaleza, cambiará todo en su camino, a veces a través de la alegría y a veces a través del dolor, siempre para bien en el fluir fresco de la transformación santa.

Los ríos siempre traen vida donde sea que vayan. ¿Has visto alguna vez fotografías satélite de la Tierra? Desde el espacio, la cámara muestra la desolación total del gran desierto Sahara en el norte de África, pero junto a la orilla oriental de esa extensión estéril hay un hilo verde serpenteando desde el sur hacia el norte para terminar en el Mar Mediterráneo. El río Nilo crea un camino a través de uno de los lugares más ásperos de la Tierra. Trae el exuberante color verde de la vida. Personas, animales y plantas son por igual atraídos a sus frescas aguas.

De manera similar, el río santo de Dios trae vida donde sea que vaya. Sea un alma quebrantada a tu cuidado o la esterilidad de tu propia vida, existe esperanza y vida donde fluye el río de Dios. Fluye hacia la desolación de la comunidad urbana alrededor de tu iglesia, o hacia la afluencia sombría del vecindario suburbano de tu iglesia. Fluye en desiertos estériles con sed por el agua dadora de vida que proviene de la santidad transformadora de Dios.

Ezequiel 47 documenta que el profeta fue invitado a entrar a un río que fluía del templo, el cual simbolizaba la presencia santa de Dios. El río fluía a través del desierto de sus alrededores, trayendo vida a todos los que se sumergían en él. Así que Ezequiel lo hizo. Primero entró hasta los tobillos.

Tal vez tú has aceptado la invitación a dar un paso dentro del río. Sin duda que tus pies están en el agua, pero están plantados fijamente en tierra sólida; *dentro* del río, pero sosteniéndote de tu propio destino, circunstancias, realización y prioridades. ¿Has notado que cuando te paras en la orilla de un río caudaloso, el agua comienza a lavar la mugre debajo de tus pies? Cuando esta se erosiona un poco más, levantas los pies para plantarlos más firmemente sobre el piso sólido. No hay duda de que estás en el río de Dios, pero estás teniendo mucho cuidado de permanecer firmemente parado en tu propia agenda, destino, prioridades y planes.

Entonces surge una invitación para entrar más profundamente al río. Ezequiel aceptó y entró más profundamente, y digamos que tú también lo haces. Ahora el flujo del río es fuerte, y tienes que esforzarte bastante para mantenerte estable y firmemente plantado en el suelo bajo tus pies. Pero el río de la santidad de Dios te llama, te insta, te presiona a un acto voluntario de entrega vulnerable, a soltar y dejar que el carácter santo de Dios te transforme y te lleve a la plenitud y a la vida y el ministerio eficaz.

Cuando Dios invitó a Ezequiel a que entrara más profundo, el profeta permaneció plantado, definitivamente más profundo en el agua, pero firmemente arraigado a la seguridad de su propio control. ¿Permanecerás con él, en el río pero no *en* el río? Tu has asistido al estudio bíblico o al seminario. Has pastoreado durante muchos años. Eres admirado y respetado por tu posición. La huella de tus pies en el fondo del río está clara y bien determinada. Estás en el río y todo el mundo lo puede ver, pero tus pies permanecen plantados en tierra firme.

Y entonces Dios te dice: «Te quiero más adentro todavía. Te quiero en el medio, ¡donde tus pies no toquen el fondo!».

Si eres como yo, sientes tus pies rasguñando y escarbando para sentir aunque sea un poco de control según va subiendo el agua, solo para mantener tu cara fuera del agua para poder respirar. En las puntillas del pie, haces todo lo posible para mantenerte en control, para no ser llevado por la corriente, luchando con cada gramo de energía que te queda.

Finalmente, ya no puedes mantenerte parado y en un acto desesperado de soltarte, tus pies se alejan del fondo. Ya no estás en control. Tus pies no están en la tierra. Te encuentras completamente a merced del río. O te hundirás como una roca o serás llevado por la corriente.

Es entonces cuando caes en cuenta: ¡Éste río es digno de confianza! ¡Te mantendrá a flote! La propia cosa con la que luchabas es la que te salva. Ya no puedes tocar el fondo, y dependes ahora del río de la santidad de Dios para que te transforme, te apoye y te lleve.

También observas que ya no luchas contra la corriente. Ella te está cargando y una paz silenciosa caracteriza tu vida. Tu energía ya no se gasta tratando de luchar contra Dios al formar tu ministerio a tu propia imagen o semejanza.

Tú percibes que antes, mientras que tus pies te mantuvieron inmóvil y bajo tu propio control, tú te parabas a ver como pasaba la corriente del río, viendo las obras poderosas de Dios, pero nunca tomando parte en ellas. Ahora te carga el río de Dios, viendo cómo va pasando el mundo. Tu perspectiva ha cambiado. Después de haber sido sumergido en el río de Dios, te mueves en unidad con el carácter de Dios, fluyendo en armonía dinámica, cambiando el paisaje a tu alrededor como parte del gran fluir de la obra de Dios en el mundo.

Después en el capítulo 47, se le recuerda a Ezequiel que a donde sea que vaya el río, trae vida, vida que bebe del río de Dios y da fruto. *Eso* es eficacia. La esterilidad, la ansiedad y la frustración acompañan al pastor que se para en el río firmemente plantado en el fondo. La eficacia, la vida, el fruto y la transformación son el resultado natural de una vida pastoral sumergida en el río santo de Dios.

* * *

Conforme somos vulnerables a la intimidad con Dios, nuestras naturalezas se transforman en la naturaleza santa de Dios, y nuestras prioridades se alinean con las prioridades de Dios para la plenitud y la curación del pueblo quebrantado y de la creación fracturada. Una es la transformación interna de nuestra condición para volvernos santos igual que Dios es santo, nuestra naturaleza. La otra es la manifestación de esa transformación mientras cumplimos la misión de restauración de Dios para el mundo, nuestras prioridades.

¿Te abrirás al santísimo río dador de vida de Dios, siempre en movimiento y siempre cambiante, mientras eres transformado por la presencia de Dios?

**Notas**

1. «*The Holiness Manifesto*» publicado en febrero del 2006, es un documento escrito por representantes de 10 denominaciones santas en un esfuerzo para rearticular un entendimiento contemporáneo de santidad para el siglo XXI. Básicamente, el Manifiesto establece el amor como el centro de la santidad y a Dios como la única fuente de amor. De esto, el corazón de aquellos que buscan se transforma a través de la eliminación del pecado y el egocentrismo para poder amar y servir a Dios y a otros, y para ser administradores de la creación. Visita www.holinessandunity.org para más información.
2. Theodore Runyon, en su libro *The New Creation*, describe la salvación que ofrece Dios como una que restaura la imagen de Dios en la creación, trayendo a la gente a la plenitud que pretendía Dios.
3. Thomas Oord y Michael Lodahl proveen una explicación del corazón de la santidad y de su naturaleza relacional en su libro *Relational Holiness*, Beacon Hill Press, Kansas City, MO, 2006.
4. John Wesley, *A Plain Account of Christian Perfection*, Beacon Hill Press, Kansas City, MO, 1966.
5. Diane LeClerc, «*Holiness: Sin's Anticipated Cure*», un ensayo presentado durante el Wesleyan Holiness Study Project, mayo 2, 2005, en Azusa, CA, establece la santidad como el medio de curación para los efectos de la creación caída. Disponible para descargar como PDF en http://holinessandunity.org/fs/index.php?id=796 (accedido febrero del 2007).
6. Gordon MacDonald, comentarios escritos sobre las *15 Características de los pastores efectivos.*

## FUNDAMENTOS BÍBLICOS

### 1 PEDRO 5

Primera de Pedro 5:2-4, habla directamente al *enfoque* de los pastores efectivos:

> Cuiden como pastores el rebaño de Dios que está a su cargo, no por obligación ni por ambición de dinero, sino con afán de servir, como Dios quiere. No sean tiranos con los que está su cuidado, sino sean ejemplos para el rebaño. Así cuando aparezca el Pastor supremo, ustedes recibirán la inmarcesible corona de gloria.

Aunque sea un concepto difícil de comprender, los pastores efectivos entienden la naturaleza delicada de supervisar la iglesia, resultando en una actitud de reflexión en privado y nunca una afirmación dura o dominante en público.

Los pastores efectivos se destacan por la compasión, no por la compulsión. No son motivados por el dinero, sino que por la oportunidad de suplir necesidades. Entienden la necesidad del liderazgo, pero se niegan a abusar su posición para el privilegio personal. Los verdaderos pastores van primero, guían por ejemplo. En vez de conducir a las ovejas, ellos *guían* a las ovejas.

CARACTERÍSTICA 8

# LA VIDA DE ORACIÓN:
*Modela una vida de oración eficaz, regular y creciente*

«¡La oración es la clave para hacer crecer tu iglesia!».

«Si tu iglesia no está creciendo, ¡es porque no estás orando!».

Un «Amén» rápido y unánime se le tiene que dar a la idea de que el ministerio eficaz fluye de la oración eficaz, pero para muchos pastores, declaraciones como estas cuelgan de sus cuellos como corbatas que no les quedan bien. Ni siquiera los líderes cristianos más pragmáticos y culturalmente relevantes se atreven a discrepar con una verdad espiritual tan clara, pero en lugar de que la oración sea una relación dadora de vida que fortifica sus vidas y sus ministerios, se convierte en un medio para mejorar la imagen, una experiencia asfixiadora de deber espiritual. Pastores «expertos» nos venden una fórmula de cómo «orar para que crezca tu iglesia». Tal pragmatismo puede convertir la belleza de la oración en una carga.

La distancia entre la oración como método y la oración como estilo de vida es receptiva; es como un espejismo que parece estar tan cerca y ser tan satisfactorio, pero que nunca se alcanza. Cuando los pastores tratan a la oración como un medio para un fin, se degenera a un discurso espiritual egocéntrico que los deja espiritualmente sedientos.

El tiempo de oración de un pastor a menudo toma una de las siguientes cinco formas:

1. *Oraciones «seré bueno»*: «Señor, estoy tratando de ser una buena persona y cumplir con mi deber hacia ti».

2. *Oraciones negociantes*: «Señor, estoy invirtiendo mi tiempo aquí y espero algunos resultados a cambio por este esfuerzo».

3. *Oraciones de quejas*: «Señor, estoy aquí para decirte cómo me siento en realidad acerca de la junta de diáconos y en especial acerca de Juan Chismoso».

4. *Oraciones «bendíceme»*: «Señor, te voy a dar un discurso de 20 minutos usando palabras que he aprendido de alguien que al parecer obtiene resultados de ti».

5. *Oraciones de batalla*: «Señor, les voy a gritar a algunos demonios durante la próxima hora para que me ayude a sentirme mejor acerca de la situación espiritual en mi iglesia».

Tales oraciones carecen de poder porque les falta o la autenticidad o la precisión. Pueden calmar la conciencia de un pastor quien está haciendo su mayor esfuerzo, pero fallan en traerle a él o a su iglesia ayuda genuina.

Los pastores efectivos han avanzado más allá de la oración como un medio; han crecido más allá del vacío del ritual. Modelan una vida de oración eficaz, regular y creciente que es relacional en su esencia y creen en el poder de la oración para influenciar sus vidas, la vida de la iglesia y del mundo a su alrededor. Esta vida de oración impregna todos los aspectos de la vida privada y personal del pastor.

## Alzar las manos hacia el cielo

El pastor Harold Taves fue aquejado con la polio cuando era niño. Durante el resto de su vida fue incapaz de levantar su brazo izquierdo más que unos cuantos centímetros. Harold era un simple hombre de fe que respondió al llamado de Dios, y a través del curso de su vida, fue pastor en unos cuantos pueblos de la región del medio oeste de los Estados Unidos.

Pocas personas recordarán su nombre excepto aquellos que tuvieron el privilegio de participar en unas de sus pequeñas iglesias. Harold era un pastor eficaz porque fue un pastor que estableció una relación con Dios a través de la oración.

La gente a menudo entraba a la oficina de la iglesia y encontraban a Harold en oración, frecuentemente en el altar con lágrimas en sus mejillas. Aún hoy lo puedo ver, su brazo bueno extendido hacia el cielo, elevando la carga de uno de sus fieles ante el Señor.

Esta vida de oración sostuvo a Harold a través de retos y decepciones. Alteró la atmósfera espiritual de los servicios de adoración. Cambió sermones débiles en su forma, en ideas curiosamente convincentes que resonaban en los corazones de aquellos que las escuchaban.

Aunque no recuerdo ninguno de sus sermones u oraciones, Harold me enseñó a orar. Su anticipación de lo que Dios podía hacer a través de la oración me elevó por encima de mi proceso patético de presentarle a Dios una lista de mis deseos. Él y Dios eran amigos, y esto era evidente en sus conversaciones.

Los pastores efectivos entienden la prioridad, el poder y el privilegio de exponer su ser entero a Dios en oración. Como clamó David en el Salmo 141:2, ellos anhelan que sus oraciones sean placenteras para Dios: «Que suba a tu presencia mi plegaria como una ofrenda de incienso; que hacia ti se eleven mis manos como un sacrificio vespertino».

Esta imagen de manos extendidas hacia el cielo lleva con ella un compromiso apasionante para el corazón del pastor eficaz. Pablo conocía el poder de ser un líder con un enfoque de manos hacia el cielo. Mientras le escribía a su hijo en fe, retó a todos los creyentes: «Quiero, pues, que en todas partes los hombres levanten las manos al cielo con pureza de corazón, sin enojos ni contiendas» (1 Timoteo 2:8).

Los manos levantadas hacia el cielo son prácticamente una señal universal de rendición, indica «ceder» y la necesidad de la ayuda. Entendido de esta manera, las manos levantadas son el símbolo máximo de la oración verdadera, la cual se basa sobre el autorendimiento. Se habilita solo a través de nuestra entrega completa a la misericordia de Dios y a través de nuestra petición valiente de su asistencia.

El pastor Moisés es nuestro ejemplo instructivo de esta característica. Éxodo 17:11 dice: «Mientras Moisés mantenía los brazos en alto, la batalla se inclinaba a favor de los israelitas; pero cuando lo bajaba, se inclinaba a favor de los amalecitas». El bastón de Moisés era su emblema de liderazgo, era el símbolo externo de su llamado, su autoridad y su habilidad. Mientras elevaba su bastón hacia el cielo en un acto de dependencia, rendimiento e intercesión, la victoria para el pueblo de Dios se conectaba al acto de Moisés de mantenerse en una postura de oración: manos hacia el cielo, liderazgo ofrecido a Dios. Existe algo poderoso y efectivo cuando un líder levanta sus manos al cielo en nombre del pueblo de Dios.

Esta es la postura en que los pastores efectivos viven. Una de las cosas más poderosas que puede hacer un pastor para su iglesia es entregarse a Dios en una relación de oración, intercediendo por la victoria de su pueblo. La oración sola no es suficiente, pero si no comienzas y continúas en oración, cualquier otra cosa que hagas nunca será suficiente.

La perspectiva de «manos hacia el cielo» se caracteriza por tres dimensiones de una vida de oración próspera: Identidad, integración e intervención. Los pastores efectivos, en su propio lenguaje y a su propia manera, progresan en estas tres dimensiones de oración.

## Oración de identidad

La oración de manos hacia el cielo nos abre a la obra profunda de Dios de formar nuestros corazones. La oración de identidad revela, forma, asegura y sostiene al pastor. Invita al reflector del Espíritu Santo a entrar para exponer cualquier pecado merodeando en los alrededores de nuestras vidas. La oración de identidad es comunión que revela el placer de Dios en nosotros, la gracia nueva de Dios para el día y la presencia poderosa de Dios dentro de nosotros. Esta es oración que no solo forma nuestra autoimagen sino también nuestra propia realidad.

La oración de identidad se resume en la palabras de un pastor compañero que diariamente oraba: «Señor, pon tus dedos profundamente dentro de la arcilla de mi vida hoy. Fórmame para que los otros vean más de ti en mí hoy».

Lloyd Ogilvie fue quien me introdujo a la oración de identidad. En una capilla universitaria, Ogilvie dijo: «Permítanme compartir la oración de mi vida con ustedes: "Señor, ¡haz mi vida tan linda como cuando primero pensaste en mí!"». Ser formado a través de la oración al diseño original que Dios quería, es un viaje que conduce a la eficacia creciente y verdadera.

En 1996, casi 40.000 pastores se reunieron en el estadio de Atlanta para el evento clérigo «Avivar la llama». Cuando el experimentado pastor Charles Swindoll se paró frente al micrófono, nadie estaba preparado para su primera oración: «Cuando Dios quiere usar a una persona de manera significante, él la aplasta profundamente».

Swindoll procedió a destacar el llamado de Isaías, con todo el dolor, el rendimiento y el poder (ver Isaías 6). El profeta se encontraba ante el Señor cuando la revelación de su propia impureza le cayó encima, y se sintió completamente deshecho. Mientras permanecía ante el Señor, sin embargo, sus labios pecaminosos no solo fueron lavados sino que también fueron cambiados, habilitados y comisionados al ministerio. Los pastores tienen la misma oportunidad que tuvo Isaías de ser humillado ante el Señor para ver una revelación nueva de su Dios, de si mismos y de su llamado.

Jacob tuvo el encuentro ideal de oración cuando luchó con Dios a través de la noche (ver Génesis 32:22-32). Asirse de Dios en medio de la noche nunca es divertido, y a menudo produce una cojera, pero es el tipo de oración que tiene el poder para cambiar la vida. Desde ese día en adelante, Jacob fue conocido como *Israel*, lo que significa «él lucha con Dios».

Casi todo pastor quiere ser conocido como uno de los mejores pastores de Dios, una influencia significativa, un verdadero príncipe o princesa de Dios. ¿Pero quién quiere cojear? Queremos evitar las formaciones dolorosas de nuestro ser interior, mas aún la lucha de noche es la manera en que caemos dentro de la grandeza a la cual nos llama Dios. Una vida de oración eficaz y creciente es una que nos traslada más allá de nuestras defensas, más allá de nuestros temores y más profundo que nuestra autodecepción. El viaje de «Jacob» a «Israel», de «engañador» a «vencedor» solo puede hacerse a través de la oración de identidad.

Este tipo de oración ocurre principalmente en momentos de soledad y especialmente en tiempos de dolor. Primero confesamos todo pecado conocido y pedimos que se nos revelen las raíces de tales pecados, lo cual nos coloca en la posición para ser formados más profundamente. Luego esperamos en la presencia de Dios con un oído afinado a su voz. Venimos como somos, sin pretensión, sin agenda, sin máscara o cautela. La sinceridad, la transparencia y la vulnerabilidad invitan la participación y la intimidad con el Padre.

El poeta y místico del siglo XVIII, el arzobispo François Fénelon, describió la oración de la siguiente manera:

> Cuéntale a Dios todo lo que se encuentra en tu corazón, igual a como uno descarga el corazón, sus placeres y sus dolores, a un amigo cercano. Cuéntale a Dios tus problemas para que Dios te de consuelo; cuéntale a Dios tus alegrías para que Dios las serene; cuéntale a Dios tus anhelos para que Dios los purifique; cuéntale a Dios tus aversiones para que Dios las conquiste; háblale a Dios de tus tentaciones para que Dios te pueda proteger de ellas; enséñale a Dios las heridas de tu corazón para que Dios las cure. Si de esta manera viertes todas tus debilidades, necesidades, problemas, no faltará de qué hablar. Habla de la abundancia del corazón, sin consideración di lo que piensas. Bendecidos son aquellos que alcanzan tal intercambio familiar y sin reservas con Dios.[1]

Muchos pastores han concluido que establecer un altar es útil. Este es un lugar sagrado, propicio para ayudarte a escuchar y enfocar, un ambiente dedicado a interactuar con Dios acerca de asuntos de la vida y del ministerio. Mi primer lugar sagrado fue un closet debajo de las escaleras del sótano, donde coloqué una almohadilla para arrodillarme, un banco, una Biblia y una lámpara pequeña. Yo no entraba al closet al menos que fuera en búsqueda de Dios. Yo esperaba que Dios me encontrara allí. Recuerdo llorar, reírme, cantar, leer, confesar y escuchar en ese altar. Me imaginaba la parte de atrás de esa escalera conduciendo hacia el cielo, hacia el trono de Dios. Tal vez sí lo hacían.

La oración de identidad no es un monólogo acerca de mis pecados o mis necesidades. Es, por el contrario, un diálogo activo, con momentos para escuchar los pensamientos de Dios. Conforme aprendemos a escuchar la voz del Espíritu, recibimos la comunión que crea la resistencia interna que demanda el ministerio. Henri Nouwen capturó esta necesidad:

> ¿Por qué es tan importante que estés con Dios y solo con Dios sobre la cima de la montaña? Es importante porque es el lugar donde puedes escuchar la voz del que te llama querido. Orar es escuchar al que te llama «mi hija querida», «mi hijo querido», «mi niño querido».[2]

Orar es permitir que la voz de Dios le hable a la esencia de tu ser, a tus agallas, y permitir que esa voz retumbe en todo tu ser.

¿Cuántos pastores pierden su eficacia por darle demasiado peso a las palabras de sus críticos? ¿O por meditar obsesivamente acerca de las injusticias del ministerio? ¿Qué tan frecuentemente la carga del amor no correspondido hace cojear al espíritu del pastor? David conocía este tipo de dolor, y su respuesta debería de convertirse en nuestro testimonio: «Mi amor me lo pagan con calumnias, mientras yo me encomiendo a Dios» (Salmo 109:4). Su resistencia se cultivó a través de su diálogo con Dios. Su identidad estaba bien formada a través de una vida de oración.

## Oración de integración

Para que la oración pueda formar la vida y el ministerio de un pastor, tiene que tejerse con la vida diaria. La oración no es algo que el pastor eficaz hace para poder prepararse *para* el día, sino que es el medio por el cual él o ella viaja *a través* del día. La oración de integración es una conversación continua con Dios que comienza al despertar y termina sobre la almohada por la noche. Es la conformidad a la admonición de Pablo: «No se inquieten por nada; más bien, en toda ocasión, con oración y ruego, presenten sus peticiones a Dios y denle gracias» (Filipenses 4:6).

La oración tiene que ser integrada en momentos de ministerio y convertirse en el reflejo natural para cualquier cosa que se nos presente durante el día. La conversación con el miembro del personal que comparte una preocupación provoca un momento de oración. El identificador de llamadas enseñando que un miembro de la junta está llamando es contestado con oración. El reporte de ofrendas, el problema con la guardería, la visita al hospital, el almuerzo con un nuevo miembro, el nuevo voluntario de la Escuela Dominical, el nuevo diseño de la página electrónica... todos son enfrentados con una conversación silenciosa con el Padre.

El arzobispo Fénelon entendía la oración integrada cuando escribió: «Acostúmbrate gradualmente a cargar la oración en tus ocupaciones diarias; habla, actúa, trabaja en paz, como si estuvieras en oración, porque en efecto lo estás».[3] Él sabía que esta actitud de oración tiene poder transformador. Integrar la oración con las minucias de la vida trae un sentido de significado, satisfacción y santidad a las tareas más monótonas del ministerio.

Muchos pastores entran al ministerio con expectativas no realistas de la influencia poderosa y de las semanas cargadas de estudio, oración y enseñanza. Cuando llegan a su primer puesto, sin embargo, se pueden relacionar con el hermano Lawrence, el monje del siglo XVI quien se dio cuenta de que pelar papas y lavar platos sucios eran las realidades desagradables de sus tareas semanales. El hermano Lawrence reclamó durante una década completa antes de comenzar a «practicar la presencia de Dios». Cuatro siglos después aún continuamos comprando su libro.[4] ¿Por qué? Como lo dijo el propio hermano Lawrence: «No existe en el mundo un tipo de vida más dulce y agradable que el de la conversación continua con Dios». La efectividad no se mide por lo rápido que un pastor puede escapar de las tareas del ministerio, que parecen estar por debajo de su costoso entrenamiento en el seminario, sino por qué él puede integrar tan rigurosamente la oración a las tareas desagradables o mundanas del ministerio.

Integrar la oración ata los cabos sueltos del ministerio; le da algún orden al caos ministerial. Reúne acontecimientos aparentemente no relacionados el uno con el otro e identifica cosas en común, para que resulte en el entendimiento espiritual. Colocamos las múltiples piezas del rompecabezas ante Dios y decimos, «Señor, dale tú sentido a todo».

La oración de integración funciona como un giroscopio, el cual es un instrumento para mantener la orientación: Continuamente gira alrededor de cada circunferencia para mantener al pastor centrado y estabilizado. Mientras hace un recorrido en oración, el pastor se puede orientar mientras navega el laberinto del ministerio.

## Oración de intervención

El privilegio de la oración es una autoridad delegada para los discípulos de Jesús para interrumpir el reino del mal y extender el reino de Dios. La habilidad del pastor para cambiar la atmósfera espiritual de una congregación o de una comunidad a través de la oración nunca debe ser subestimada.

Cuando los líderes espirituales de la nueva iglesia en Jerusalén, fueron confrontados con la elección de administración o de intercesión, su prioridad estaba clara: «Así nosotros nos dedicaremos de lleno a la oración y al ministerio de la palabra» (Hechos 6:4). Esa intersección entre el espíritu de oración y la verdad de la Palabra, es el punto de donde puede verdaderamente *predicar* el pastor. El poder de un sermón surge de la cuidadosa atención a ambas: la oración de intervención y la preparación precisa de la Palabra.

La vieja caricatura que muestra a un pastor arrodillado y a un asistente abriendo la puerta mientras dice: «Qué bueno, no está ocupado», es demasiado común. O la gente de la iglesia han formado sus prioridades alrededor del servicio práctico, en vez de alrededor del poder espiritual de la intercesión, o el pastor está demasiado ocupado sirviéndole a la iglesia para pasar tiempo interviniendo en oración. Sin embargo, el apóstol Santiago nos recuerda que «la oración del justo es poderosa y eficaz» (Santiago 5:16). Una oración de fe impacta el dominio espiritual en el cielo y la realidad en la tierra, y resulta en una mayor eficacia.

Los pastores a veces oran como termómetros en vez de cómo termostatos. Como los termómetros, sus oraciones reflejan la realidad de la vida en sus congregaciones; alaban a Dios por lo que es o le reclaman acerca de lo que no es. Los termostatos, por otra parte, monitorean la temperatura *e intervienen*. Acuden a la potencia del calentador para calentar el cuarto. Cambian la atmósfera.

Durante un Día Nacional de Oración, me sentí dirigido por el Espíritu Santo a hacer algo totalmente atípico de mi patrón usual. Un cruce con mucho tráfico cerca de nuestra iglesia había sido el lugar de cuatro asaltos que acabaron en homicidios durante el año anterior, y el Señor provocó en mí pasar todo el día orando en esa esquina, cargando un rótulo que decía «Día Nacional de la Oración: Orando por paz en nuestro vecindario».

Recibí de todo, desde toques de bocina en señal de apoyo hasta fingidos tiroteos desde automóviles, pero sentí al Espíritu cambiando la atmósfera a través de mis oraciones y las oraciones de otros. Un año después, habían abierto tres negocios nuevos, los negocios cerrados estaban abiertos de nuevo y no había habido ningún robo u homicidio. Dios cariñosamente me había reprendido por mi poca fe en que la oración podría cambiar la atmósfera de una esquina.

Las oraciones efectivas de intervención emanan de una amistad con Dios, no del ego de un aspirante a pastor; es de las oraciones de identidad y de integración que surgen las oraciones eficaces de intervención. Mientras un hijo o hija de Dios aprende sobre su identidad y pasa sus días en conversación con Dios, él o ella se prepara para intervenir con precisión y valentía. Él o ella comienza a orar en el nombre de Jesús en vez de en el nombre de sus propios deseos mezquinos.

Abraham es un modelo bíblico de este punto. Dios transformó la identidad de Abram a Abraham, y este había viajado sin saber para donde iba, mas aún caminó con Dios. Abraham y Dios eran amigos. Fue de esta relación que oró Abraham sus poderosas oraciones de intervención, negociando en efecto, con Dios por Sodoma (ver Génesis 18:16-32). Abraham se paró entre Sodoma y Dios, negociado un acuerdo con Dios para salvar la ciudad si encontraba a 10 personas justas allí.

Los pastores efectivos emprenden una amistad con Dios y aprenden a ejercer el poder de la oración para intervenir en nombre de su gente. Sus oraciones amplían los principados y los poderes, entregando las bendiciones y los dones espirituales. Tal vida de oración demuestra claramente que la dependencia del pastor descansa sobre Dios en lugar de sobre sí mismo.

Los pastores efectivos llaman a su comunidad de fe para que se una a ellos en ejercer esta fuerza tan dinámica, y su invitación suena convincente y de integridad porque la gente sabe que el pastor está orando en el closet antes de pedirles a ellos que oren en el santuario. Conforme el pastor modela esta prioridad en oración y le pide a la congregación que lo siga, resultados atribuibles solamente a Dios comienzan a ocurrir en el ministerio.

* * *

Recuerdo pedirle a Dios que curara al pastor Harold de su herida de polio para que pudiera alzar ambas manos hacia el cielo en oración. Nunca ocurrió. Pero Harold ya me había enseñado que mi responsabilidad no era tratar de entender a Dios, sino simplemente era orar en fe, permitir que Dios moldeara mi identidad, caminar con Dios a través de los altibajos de mi vida e intervenir en nombre de su pueblo.

Harold estaba sumergido en un vida de oración y esta produjo resultados eficaces: Sus iglesias nunca tuvieron más de 100 miembros pero de esos 100, más de una docena se dedicaron al ministerio a tiempo completo, influyendo a miles para Cristo.

**Notas**

1. James Mudge, «*Fénelon the Mystic*», 1906. Una versión en línea está disponible en el *Christian History Institute* online. http://chi.gospelcom.net/pastwords/chl175.shtml (accedido en febrero del 2007).
2. Henri Mouwen, «*Moving From Solitude to Community to Ministry*», Leadership Journal, Spring 1995. Una versión en línea está disponible en la *Fellowship Bible Church* de Colorado Springs http://www.fbccs.org/resources/papers/soli_comm_mini.asp (accedido en marzo del 2007).
3. James Mudge, «*Fénelon the Mystic*», 1906.
4. Brother Lawrence, *The Practice of the Presence of God*, Shambhala Publications, Boston, MA, 2005.

## FUNDAMENTOS EN LA HISTORIA DE LA IGLESIA

### RICHARD BAXTER (1615-1692)

Richard Baxter escribió uno de las obras clásicas que trajo definición al trabajo pastoral. Cuando Baxter habló de ser un «pastor reformado», él quería decir *uno renovado en fervor por el trabajo de pastorear el pueblo de Dios*. En una oración, Baxter efectivamente declaró la esencia de la vocación del pastor, revelando toda su dignidad y severidad: «Estamos buscando cómo conservar el mundo, salvarlo de la maldición de Dios, perfeccionar la creación, alcanzar la finalidad de la muerte de Cristo, salvarse a sí mismos y a otros de la maldición, vencer al diablo y demoler su reino, establecer el reino de Cristo y realizar y ayudar a otros al reino de gloria».

Baxter insistía a sus lectores que se autoevaluaran a través de preguntas que revelaban su entendimiento de la efectividad. Estas preguntas son igual de relevantes hoy, como lo fueron hace 400 años: ¿Le sirvo verdaderamente a Dios o me sirvo a mí mismo? ¿Busco suplir las necesidades de otros o estoy en realidad buscando mi propio cumplimiento o una vida fácil? ¿Son mi enseñanza y predicación solamente un escaparate para mi intelecto y para mis habilidades o me siento obligado a proclamar el mensaje igual que Pablo quien exclamó «ay de mí si no predico el evangelio». Finalmente, ¿soy un pastor reformado, renovado diariamente por el Espíritu Santo?

Característica 9

# EL ESPÍRITU SANTO AUTORIZA:
*Cree en el poder del Espíritu Santo y espera que este trabaje de manera continua*

Se llama «escorar».

La navegación es aburrida cuando no sopla mucho viento. Pero cuando hay ráfagas de viento, navegar es una aventura emocionante y atrevida. Las velas colgando sin vida, tranquilas se tensan con poder, y tu pulso y adrenalina suben vertiginosamente. Uno «escora» cuando el bote recibe tanto viento que la cubierta queda casi vertical y el lado del bote queda bajo agua; estamos hablando de una ráfaga de velocidad, poder y aventura.

Navegar sin viento y navegar con viento fuerte son experiencias muy diferentes. Sin viento aún tienes el bote, el agua, la vela y el timón, pero no tienes movimiento, ni emoción, ni agua salpicando sobre la proa. Con vientos fuertes, tu bote avanza para cumplir con el propósito para el cual fue creado.

Lo mismo ocurre en el pastorado. Sin el poder del Espíritu Santo, el ministerio carece de momento. Se convierte en un ciclo repetitivo de la mecánica del trabajo, sin ninguna expectativa de progreso significativo. No obstante, cuando el Espíritu Santo está en movimiento, la aventura imprevisible lo impregna todo; existe una «historia de Dios» esperando a la vuelta de cada esquina.

Algunos pastores se sientan en el bote por 40 años y nunca sienten el viento. Limpian la cubierta, le sacan brillo a los rieles, izan las velas y nunca salen fuera del puerto. Pero el viento rara vez sopla en el puerto... sopla fuertemente cuando estás mar adentro.

Los pastores efectivos creen en el poder del Espíritu Santo. Esto no se trata de ser de orientación carismática, litúrgica o evangélica, es una posición que toma el pastor hacia sí mismo, su ministerio y hacia la Tercera Persona de la Trinidad. Este pastor se ve a sí mismo como impotente para producir algo de valor espiritual sin la asistencia del Espíritu Santo. Él o ella entiende la realidad del dominio espiritual y la necesidad del poder espiritual, y opera con una dependencia en la autorización e intervención del Espíritu Santo.

## No por la fuerza ni por poder

El reto del pastor Zorobabel era similar al reto de los pastores de hoy: construir un templo frente a la oposición y la indiferencia. Como líder, era fácil desalentarse y desilusionarse, pero Dios le dio a Zorobabel una visión de lámparas de aceite y una palabra de explicación que era sin duda clara: «"No será por la fuerza ni por ningún poder, sino por mi Espíritu" –dice el Señor Todopoderoso–» (Zacarías 4:6).

La manera en que se construye la iglesia no ha cambiado. Los medios para superar resistencia y romper a través de la apatía no son diferentes. Estos aún son el trabajo de una asociación dinámica entre un pastor servicial y el poder del Espíritu Santo.

Jesús enseñó la misma verdad usando vides en vez de lámparas de aceite.

> Yo soy la vid y ustedes son las ramas. El que permanece en mí, como yo en él, dará mucho fruto; separados de mí no pueden ustedes hacer nada (Juan 15:5).

El Espíritu de Jesús se queda en nosotros a través de la invitación, el rendimiento y la fe; ceder diariamente a la presencia del Espíritu nos mantiene firmes en la vid. Conforme cedemos nuestra vida diaria al Espíritu, se nos otorga fortaleza para ser eficaces para el reino y damos una cantidad significativa de fruto.

El fruto del cual habla aquí Jesús es de ambos: el carácter y el ministerio. La residencia del Espíritu dentro de nuestros corazones causa un cambio de vida y de carácter que es visible para aquellos que observan nuestras vidas. Jesús prometió que sus seguidores recibirán el poder que los cambia; la presencia del Espíritu Santo los hará más cariñosos, gentiles y pacientes y tendrán audacia y valentía que no les era posible por su propia cuenta. La gente notaría una diferencia en las vidas de aquellos que se encontraban con el Espíritu Santo.

Sin embargo, un estilo de vida de permanencia en Cristo y caminar en el Espíritu también produce el fruto de eficacia del ministerio, la evidencia de que el reino de Dios está entre nosotros. Es la gente convertida a Cristo, los discípulos educados, las relaciones restauradas, las adicciones vencidas, los líderes ascendidos, los individuos llamados al ministerio, las necesidades suplidas, la injusticia confrontada y la vida sana establecida.

Seamos honestos: Muchos pastores substituyen el aprendizaje, las habilidades, la personalidad o el esfuerzo con la dependencia en el poder del Espíritu Santo. Jesús, sin embargo, fue muy claro: no permanencia, no abundancia. No podemos hacer nada sin la fortaleza del Espíritu Santo que proviene de la sumisión a Cristo. Podemos estar ocupados y hacer cosas buenas para otros sin depender del Espíritu, pero para tener el impacto completo del reino, la vida del Espíritu tiene que fluir a través de nosotros.

Dos de los cinco iconos más famosos del siglo XX son el vaquero de Marlboro y el conejo de Energizer. El vaquero de Marlboro es el arquetipo del americano fuerte, independiente y capaz. Él depende de sí mismo para sobrevivir solo en la extensa y salvaje pradera y tiene pensamientos profundos mientras ve la puesta del sol en Montana (fumando). El conejo de Energizer es el conejito rosado con lentes de sol y sandalias azules, redoblando un tambor. Desde 1989, el conejo ha seguido marchando hacia delante, apareciendo en lugares imprevisibles e influenciando la situación donde sea que aparece. ¿Su secreto? *La batería adentro*.

El apóstol Pablo se identificaría con el conejito de Energizer, no con el vaquero de Marlboro: «... gustosamente haré más bien alarde de mis debilidades, para que permanezca sobre mí el poder de Cristo» (2 Corintios 12:9). Muchos pastores, por otra parte, aspiran a un estilo de ministerio más como el vaquero de Marlboro: tranquilo, inteligente, y seguro de sí mismo son las metas interiores. Dos vaqueros Marlboro, Wayne McLaren y David McLean, murieron de cáncer de pulmón, pero el conejito de Energizer sigue marchando. Pueda que parezca un poco extraño, ¡pero sigue y sigue! Él nos recuerda que la resistencia es acerca del poder interno no acerca de la persona exterior. Confiar en uno mismo para obtener el poder para ejecutar el ministerio es igual de engañoso que fumar; puede saber bien (o por lo menos aparentar), pero conduce a la muerte.

Cuando nuestro panel describió un pastor eficaz como alguien quien «cree en el poder del Espíritu Santo», el enfoque no estaba sobre la pneumatología. La creencia comienza con la teología firmemente arraigada en la Biblia, pero es habitual y poderosamente aplicada a la vida y al ministerio. Los pastores efectivos creen que la última promesa de Jesús mientras que estaba aún en la tierra fue una promesa duradera y puede ser aún reclamada hoy. Hechos 1:8 es la primogenitura de cada seguidor de Cristo y especialmente de aquellos que son líderes: «Pero cuando venga el Espíritu Santo sobre ustedes, recibirán poder». Los pastores con esta característica ejercitan la fe, esperando un poder sobrenatural en sus vidas diarias y la obra activa del Espíritu Santo en la congregación y en el mundo a su alrededor. Saben que la actividad del Espíritu Santo lleva en sí, una dimensión interna personal, así como también una dimensión externa del ministerio.

En la Escritura se encuentran cinco símbolos clásicos para el Espíritu Santo que nos pueden ayudar a entender la integración del ministerio y la manera en que el Espíritu otorga poder. Cada uno de estos símbolos se necesita para desarrollar un entendimiento completo; dar énfasis con exceso a uno de los aspectos puede diluir la plenitud de la obra del Espíritu.

## Símbolo #1: La paloma

En Lucas 3:22, durante la inauguración del ministerio público de Jesús, vemos que el Espíritu Santo desciende sobre él en forma de una paloma. Observemos que no se menciona ninguna reascensión.

Cuando la paloma descendió, Jesús se preparaba para enfrentar a los lobos, los leones y Satanás en su tentación en el desierto. A primera vista, parece extraño que Dios mandaría una paloma a un hombre que se dirigía a una batalla. Tiene más sentido, sin embargo, cuando reconocemos que la paloma simboliza la presencia, el consuelo, la seguridad y la ternura de Dios.

Los pastores efectivos viven en comunión con la paloma; adoptan a través de la fe la realidad de la presencia del Espíritu Santo. Recurren al consuelo de la presencia del Espíritu cuando están dudando de sí mismos frente a los lobos del ministerio, y se sienten consolados en la ternura del Espíritu cuando son tentados o atacados.

Un pastor estaba describiendo su ministerio en una iglesia de tamaño mediano. Me dijo: «La junta está contra mí, mi esposa es demasiado frágil para escuchar, mis amigos están demasiado ocupados para llamarme y mis críticos no tienen nada más que tiempo libre y llamadas sin límite en sus celulares… pero hoy el Espíritu Santo está conmigo. Siento mucha tranquilidad y seguridad sabiendo eso. No estoy solo, así que seguiré adelante». Él caminó en comunión con la paloma.

Los pastores efectivos caminan en sensibilidad al Espíritu. Efesios 4:30 nos recuerda que hablar sin cuidado puede «agraviar al Espíritu Santo de Dios». Entre más compenetrado esté un pastor al Espíritu Santo, más congruentemente puede vivir en alineación con esa Presencia influyente. Algunos pastores piensan que pueden leer una novela de mala calidad, ver una película subida de tono, chismear acerca de una persona, gritarle a los niños, comer demasiado y comprar sin límite con sus tarjetas de crédito y la paloma simplemente volverá la mirada para otro lado. Pero el Espíritu Santo se agravia y busca como comunicarle ese dolor al pastor; la pregunta es si el pastor está siendo lo suficientemente sensible para escuchar.

## Símbolo #2: Fuego

La profecía de Juan el Bautista era que el Mesías bautizaría a sus seguidores con el Espíritu Santo y con fuego (ver Mateo 3:11). Sin duda los discípulos recordaron esto el día de Pentecostés cuando las lenguas de fuego bailaron sobre sus cabezas. Pablo también vinculó al Espíritu Santo con el fuego: «No apaguen al Espíritu» (1 Tesalonicenses 5:19).

La presencia del Espíritu Santo crea un fuego de pasión, fervor y entusiasmo. Yo frecuentemente he sentido disminuir mi fervor por el ministerio. Rechinar mis dientes, esforzarme más, pretender, dar discursos positivos y el consumo en masa de la Palabra no pueden encender mi fuego, pero conforme le doy acceso a mi vida al Espíritu Santo, surge una pasión interna dentro de mí.

Christian Schwartz llevó a cabo investigaciones internacionales que condujeron a su libro *National Church Development*.[1] Él encontró que la espiritualidad apasionada era una característica no negociable de las iglesias sanas. Los pastores efectivos modelan y crean un ambiente donde esta espiritualidad apasionada pueda florecer.

El entusiasmo parece estar a un nivel bajo sin precedentes en esta época. Los ministerios a menudo son más acerca de la sobrevivencia que acerca de la conquista y la celebración, mas aún el poder del entusiasmo es vital para atraer gente al ministerio. Muchas personas trabajan en trabajos aburridos y en matrimonios en decadencia, así que cuando encuentran la pasión en un líder entusiasmado, es magnético, atrayendo a personas a su fuente en Dios.

Por favor no confunda la pasión y el entusiasmo con la bala de plata en tu arsenal de ministerio eficaz. Todo pastor es diferente y el fuego encendido por el Espíritu Santo puede verse diferente en cada uno. La llama del Espíritu no es simplemente un fervor sentimental y falso que semeja una bebida espumosa. La gente rápidamente reconocerá eso por lo que es, una táctica manipuladora no basada en la realidad. El fuego del Espíritu Santo es profundo. Tú no eres su fuente, pero su combustible si es tu alma completamente consumida. No importa que forma externa tome tu pasión, otros la reconocerán como una obra profunda del Espíritu y serán atraídos y calentados por ella.

Durante un día bien frío, un obispo anglicano les predicaba a unas cuantas personas en una catedral grande mientras que John Wesley se paraba afuera en el frío, predicándoles a cientos de personas. El obispo no pudo aguantar más y salió a ver porqué Wesley podía atraer a tal muchedumbre en el frío mientras que la iglesia estaba prácticamente vacía. «Me prendo fuego a mí mismo y la gente viene a verme quemar», contestó Wesley. El fuego es contagioso.

Los fuegos hechos por nosotros mismos *no* son el fuego del Espíritu Santo. Los hijos del profeta Aarón, Nadab y Abiú, se dieron cuenta de esto por las malas. Ellos mezclaron su propia combinación personal de fuego en vez de el de Dios, y los resultados fueron mortales. Su fuego fabricado fue inaceptable (ver Levítico 10:1).

Cuando hacemos nuestro propio fuego mezclando la pasión sin la pureza, el fervor sin la humildad o el entusiasmo sin el conocimiento, despertamos la muerte en vez de la vida. Si somos fervientes acerca de nuestros egos, planes y sueños en vez de acerca de la Palabra y la gloria de Dios, invitamos el juicio a nuestras vidas.

No debemos de generar nuestra propia llama, pero si podemos hacer algo para prender la llama: arrodillarnos frente a Dios, admitir nuestra sequía, y pedir urgentemente tener fuego. Como decía un viejo evangelista que recorría el país: «Nací en el fuego y no puedo vivir en el humo». Algunos pastores están cómodos con el humo de los buenos programas, los sermones bonitos y los edificios limpios, pero el humo no impactará una cultura que ruega por consumir el fuego espiritual.

## Símbolo #3: Aceite

Leemos en el Antiguo Testamento que cuando se colocaban sacerdotes, reyes y profetas en sus cargos, se derramaba aceite sobre sus cabezas para indicar la autoridad y la provisión que el Espíritu Santo impartía sobre ellos. Ellos dejaban de ser «David, el niño pastor» o «Amós, el recolector de higos»; se convirtieron en «los ungidos del Señor».

Los ungidos no eran frotados con aceite, ellos eran empapados en aceite. El aceite se vertía sobre sus cabezas hasta que comenzara a chorrear por sus barba y fluyera hasta sobre sus togas (ver Salmo 133:2). Había abundancia de aceite por si surgía alguna oportunidad o desafío.

Hechos 10:38 describe el ministerio de Jesús en términos de unción:

Jesús de Nazaret: cómo lo ungió Dios con el Espíritu Santo y con poder…
anduvo haciendo el bien y sanando a todos los que estaban oprimidos por
el diablo, porque Dios estaba con él.

Nuestra habilidad para hacer buenas obras en nombre de Dios y romper los poderes de la oscuridad depende de esta misma abundante, poderosa y curativa unción del Espíritu Santo.

La unción del Espíritu Santo es esencial para los pastores de todas las tradiciones. Los pastores efectivos se ven a sí mismos como los ungidos del Señor y su autoimagen se funda mediante esta verdad. Mantienen posiciones de autoridad con seguridad y en humildad dependiente, y continuamente piden la unción de Dios para su predicación, enseñanza, consejo, liderazgo y oración.

Lo que es importante saber acerca de la unción es que no llega cuando se te antoja. No es una herramienta que sacas cuando quieres. Está intrínsecamente tejida en tu vida, pero su única fuente es el Espíritu de Dios; está vinculada a tu oficio pero también a tu corazón. Esta combinación hace posible que Dios se una a ti en tu responsabilidad de efectuar resultados sobrenaturales que obviamente están más allá de tu habilidad personal.

Un amigo pastor y yo hacíamos turismo en Stratford-on-Avon cuando él vio a uno de los miembros de su iglesia caminando hacia nosotros, llorando. Hacía un minuto estábamos hablando de Shakespeare, y ya su espíritu estaba afinado a las necesidades desconocidas de esta mujer. Cuando ella llegó a donde estábamos nosotros, él tomó su mano y dijo: «Tú hija acaba de ser diagnosticada con cáncer pero el Señor la está curando».

Asombrada, ella tartamudeó: «Cómo supiste?» La inesperada revelación del Señor aceleró su fe, y la semana siguiente su hija fue pronunciada libre del cáncer. Mi amigo pastor confía en una unción diaria.

Aunque ese tipo de manifestación de unción no es común para la mayoría de pastores, caminar en el Espíritu sí debería de ser común, con la expectativa de que oportunidades inesperadas para ministrar surgirán. Como el ungido de Dios, vivo con esperanza. Conversaciones no anticipadas, oportunidades imprevisibles para orar, oportunidades sorprendentes para compartir la verdad bíblica, encuentros imprevisibles con los pobres, todas son puertas abiertas para que yo funcione como el ungido del Señor.

Recientemente, después de un servicio de adoración, una mujer desamparada se me acercó con dos niñas. Yo no tenía nada sobrenatural que decirle, pero durante la próxima hora, mientras mi esposa y yo las alimentamos, les pagamos una habitación en un motel y le pusimos atención a su pequeña familia, sentí como si el aceite rodara por mis dedos. Mi sermón ese día había sido mediocre, pero durante la hora después de ese servicio, yo fui ungido. Sus lágrimas de gratitud eran genuinas, y sentí al Espíritu Santo hablar a través del guardia de seguridad del motel: «Ella es una buena mujer. Ayudaste a la persona correcta hoy».

Los pastores efectivos creen que la unción también está disponible para las personas que ellos guían. Todas las 120 personas en el aposento alto durante el día de Pentecostés, no solamente los apóstoles, recibieron al Espíritu Santo, y las enseñanzas del Nuevo Testamento con respecto al sacerdocio de todos los creyentes, enfatizan que la unción está disponible para todos.

Los pastores que reconocen que la unción no está reservada para el clero tienen ministerios más productivos porque abren el ministerio para todos en la iglesia, no solo para aquellos en la planilla. El ambiente que resulta de interdependencia y fortaleza, crea una comunidad sana y devota conforme la presencia del Espíritu Santo trae dones espirituales para ambos: el pastor y el pueblo. Cuando los dones espirituales se enfatizan, los creyentes detectan sus destinos; y según usan estos dones, experimentan momentos de revelación personal donde sienten la unción sobre sus vidas. Y una vez que han experimentado la unción, no es difícil motivar a la gente para que continúe usando sus dones espirituales para construir el cuerpo de Cristo.

## Símbolo #4: Viento

Hay dos maneras de hacer volar un papalote. Puedes correr bien rápido mientras vas soltando el hilo, pero el papalote no va ni a volar muy alto ni por mucho tiempo a menos que sigas corriendo. La otra manera es buscar un lugar donde el viento esté soplando, alzar el papalote, soltar el hilo y ver como se va elevando cada vez más y más.

Tanto en hebreo como en griego, la palabra para «espíritu» (*ruach* y *pneuma*, respectivamente) significa «aliento» o «viento». Jesús vinculó el viento con el Espíritu y afirmó que ambos soplan donde ellos quieren. «El viento sopla por donde quiere, y lo oyes silbar, aunque ignoras de dónde viene y a dónde va» (Juan 3:8).

Jesús después les dijo a sus discípulos (en esencia): «Viajen por el mundo entero, pero primero esperen al viento. Dejen que este los lleve a ustedes y a su ministerio a donde sea que yo los mande» (ver Hechos 1:4-5). Los discípulos debieron de haberse sorprendido por la similitud cuando experimentaron «un ruido como el de una violenta ráfaga» (Hechos 2:2) durante el día de Pentecostés. El mismo viento aún sopla.

Aquí está la invitación: No uses el primer método para volar el papalote del ministerio, corriendo rápido y soltando el hilo poco a poco. Ten fe en que el Espíritu Santo está soplando y, como escribe Henry Blackaby, «encuentra donde Dios se está moviendo y únete a él allí».[2] El Espíritu Santo dirigirá el ministerio pastoral si tú sumerges tu ego a la voluntad de Dios. No siempre es fácil. El deseo personal por el éxito externo siempre será un ruido que distrae y que puede dificultar tu habilidad para escuchar al Espíritu.

¿Recuerdas esta historia clásica? Un indio americano que había pasado toda su vida en el bosque iba caminando por una acera de Manhattan con un empresario cuando de pronto le dijo al otro: «Escucho un grillo».

«Yo no escucho nada», respondió el empresario. «No hay manera de que escucharas a un grillo en medio de todo este tráfico y todo este ruido».

El indio americano respondió: «Ah, pero sí escucho a uno». Él continuó escuchando cuidadosamente, caminó hacia una maceta pequeña y atrapó un grillo.

«¡Eso es increíble!», exclamó el empresario.

«No lo es en realidad», fue la respuesta. «Depende de lo que estés escuchando».

Y con eso, el indio americano dejó caer unas cuantas monedas sobre la acera. Inmediatamente varias personas se detuvieron y miraron hacia el suelo.

Los pastores pueden permitir que su oído se afine al ruido del mundo: un miembro de la junta, un donante rico, el último pastor célebre o hasta lo necesitados a su alrededor. O el ruido puede ser interno: orgullo, ego, inseguridades o miedo. Si la contaminación acústica de todos estos ruidos es la única cosa que alcanza los oídos del pastor, la habilidad para escuchar al Espíritu Santo se opacará hasta que la voz pequeña y tranquila de Dios es finalmente ahogada. Tenemos que afinar nuestros oídos para escuchar el soplo suave del Espíritu de Dios; si estamos tratando de escucharlo a él, ni siquiera en el tráfico de las 5:30 de la tarde importará.

Ten la expectativa de que el Espíritu soplará a través de la congregación mientras declaras la Palabra de Dios. Observa como la convicción, el ánimo, el amor y la esperanza se extienden a través del templo mientras predicas. Activamente confía en que el Espíritu Santo interpretará tus palabras e individualizará tu contenido para el corazón de cada persona, y nunca te sorprendas cuando alguien diga: «¡Fue como si hubieras estado hablándome a mí!». Ten fe de que el Espíritu Santo se moverá a través de la adoración, el sacramento, las oraciones y el alcance comunitario.

Existen dos tipos de expectativa. Uno es la expectativa que viene de la *intimidad*, la cual surge de tu familiaridad con los patrones de comportamiento de otra persona. Por ejemplo, espero que mi hija se haga amiga de cualquier persona que conoce porque la he observado hacerlo miles de veces. La conozco íntimamente y me he familiarizado con sus patrones.

El otro tipo de expectativa proviene de la *demanda personal*, la cual procede de un esfuerzo autoiniciado para controlar o moldear las cosas hacia un resultado particular. Digamos, por ejemplo, que espero que el nuevo maestro de la Escuela Dominical reclute a varios maestros nuevos, no porque lo conozco a él o su don por el reclutamiento, sino porque es lo que quiero que haga y lo que hará verme mejor como pastor.

El Espíritu Santo se moverá, no cuando se lo demandemos, sino cuando nos arrimemos y tengamos intimidad con el Espíritu de Dios. Los pastores efectivos llegan a anticipar y a depender del Espíritu para que este cause obras imprevisibles porque han establecido la intimidad.

La aventura de esta dependencia en el Espíritu Santo es que tú no sabes a donde te va a llevar el viento. Puede que te esté soplando a alguna parte de tu ministerio que nunca hubieras anticipado. Llevó al pastor Joe a los agnósticos ricos, a la pastora Brenda a los adictos, al pastor Jack a los suburbios, al pastor Brad a las cafeterías y al pastor Lyn a los barrios urbanos. Llevó al pastor George a la liturgia, al pastor Tim a la adoración espontánea, a la pastora Debra a buscar la amistad y al pastor David a las señales y maravillas. Tú no sabes hacia donde va, pero cuando el Espíritu Santo te fortalece, le pones atención a la brisa, y la sigues cuando llega.

Después de ocho años de crecimiento rápido, nuestra iglesia local enfrentaba un dilema. Con 700 miembros y solo 40 espacios para estacionar automóviles, teníamos o que trasladarnos o que rediseñar la iglesia; mi esposa y yo entonces nos fuimos a tratar de escuchar la brisa. Razonamos que podíamos trasladarnos y construir una enorme iglesia, pero el Espíritu dijo algo diferente. El viento sopló en otra dirección. Detectamos al Espíritu dirigiéndonos a que nos quedáramos en donde estábamos, reorientáramos la iglesia y mandáramos grupos de personas a establecer iglesias en nuestra área y en otras. Siete años después y luego del surgimiento de varias iglesias nuevas, estamos convencidos de que escuchamos al Espíritu Santo.

No podemos forzar al viento a que sople, pero sí podemos izar las velas del rendimiento, la fe y la sinceridad para atrapar más brisa cuando sople, y podemos esperar que se mueva el Espíritu, a veces en ráfagas huracanadas, a veces en brisas suaves, pero siempre en movimiento.

## Símbolo #5: Agua Viva

En una tierra semiárida como Palestina, el suministro de agua determina el grado de vida. Donde hay agua abundante, existe una abundancia de vida. El ganado, las plantas y la gente se multiplican y prosperan. Las fuentes naturales existen en cantidades limitadas, sin embargo, y antes de la existencia de la tecnología moderna, la sed, la sequía y el vacío eran común.

Como vivimos en una cultura del siglo XXI que tiene 10 marcas diferentes de agua embotellada en cada supermercado, puede ser que fracasemos en apreciar la realidad de la sed y la alegría del agua. Pero en la época de Jesús, el agua era cuestión de vida o muerte. Jesús se paró y gritó:

«"–¡Si alguno tiene sed, que venga a mí y beba! De aquel que cree en mí, como dice la Escritura, brotarán ríos de agua viva" Con esto se refería al Espíritu» (Juan 7:37-39).

Un pastor eficaz conoce realmente la resequedad de las personas. Él también sabe lo seco que se puede poner él también; sin la fuente del Espíritu, él no tiene agua para ofrecer. Él también sabe que esta agua viva está disponible, es verdadera y nunca se acaba, y él fielmente guía a su pueblo a la fuente.

El ministerio es eficaz solamente si los pastores están dispuestos a derramar nuestras vidas como la oferta de bebida presentada ante el Señor en el templo (ver Levítivo 23). En el liderazgo pastoral bíblico, no ofrecemos solamente el mensaje del evangelio, sino que derramamos muestras propias vidas (ver 1 Tesalonicenses 2:8). El problema con este derrame es que nos deja vacíos y a menos que tengamos una fuente de agua segura, permanecemos vacíos.

Jesús dio la solución para este dilema del ministerio: un ciclo espiritual de agua. Admite tu sed recurrente, ven a la fuente correcta, llénate bebiendo abundantemente y luego derrámate de nuevo. El ciclo se interrumpe cuando un pastor con sed busca como llenarse con un substituto del Espíritu Santo. Escapar la sequía del ministerio a través de actividades tales como pasatiempos, películas, libros, viajes e ir de compras nunca suplirá las verdaderas necesidades del pastor. Estas actividades son agradables y forman parte de una vida completa y alegre, pero no pueden resolver la sed del espíritu. El reabastecimiento del drenaje del ministerio se encuentra solamente en la bebida continua de la fuente de agua viva. Eugene Peterson capta esto en su traducción de Efesios 5:18: «Beban el Espíritu de Dios, tragos enormes de él» (*EL MENSAJE*).

\* \* \*

Cuando comencé a navegar, me sentía inseguro acerca del viento. Como era un principiante, mi prioridad era mantener el bote nivelado. Quería apenas un ligero viento para navegar despacio y con seguridad. Mi amigo Karl, un experto navegador, me enseñó que la *verdadera* aventura de navegar requiere tener fe y tomar riesgo. Navegar con Karl era como volar: Nos deslizábamos sobre el agua con mucha fuerza, propulsados por velas firmes que atrapaban todo el viento que podían.

Los pastores que prosperan dejan de navegar sus ministerios a la velocidad segura y se atreven a creer que el Espíritu Santo tiene el poder para soplarlos adonde él desea. Los pastores que navegan a la velocidad del Espíritu toman riesgos para extender el reino. Invitan diariamente a la paloma, al aceite, al fuego, al viento y al agua viva del Espíritu Santo para que descienda, unja, encienda, propulse y llene sus vidas y sus ministerios.

**Notas**

1. Christian A. Schwartz, *Natural Church Development: A Guide to Eight Essential Qualities of Healthy Churches,* ChurchSmart Resources, Saint Charles, IL, 1996.
2. Henry T. Blackaby and Claude V. King, *Experiencing God: How to Live the Full Adventure of Knowing and Doing the Hill of God,* Broadman and Colman, Nahsville, TN, 1994, p. 70.

## FUNDAMENTOS BÍBLICOS

### TITO Y TIMOTEO

La orden de Pablo para Timoteo y Tito nos da la descripción más concisa de los requisitos de los pastores. En la diversidad que existe hoy en la iglesia, no todo el mundo usa los mismos términos, pero está claro que estos pasajes incluyen a las personas de las cuales hablamos: los pastores.

El énfasis de los pasajes de Tito y Timoteo es sobre el *carácter* del pastor. Son personas con convicciones morales altas, madurez emocional, sabiduría relacional y equilibrio espiritual.

Cuando trataba de inspirar a su clase para que compusieran mejores ensayos, mi maestra de inglés preguntaba: «¿Estarían ustedes dispuestos a distribuir copias de sus ensayos a sus amigos?» Los pastores no son perfectos, no obstante, necesitan ser personas dignas de ser imitadas. Pablo definió este patrón con una invitación: «Imítenme a mí, como yo imito a Cristo» (1 Corintios 11:1).

Las cartas que les escribió Pablo a Timoteo y a Tito son conocidas como las Epístolas Pastorales debido a su énfasis en cómo cumplir con el oficio de pastor eficazmente. Estas epístolas indican que Pablo estaba principalmente preocupado con la dimensión de la enseñanza. Los pastores deben de oponerse a la enseñanza falsa (ver 1 Timoteo 1:3-7; 4:1-3) y en su lugar «encarga[se] y enseña[r] estas cosas» y «dedica[rse] a la lectura pública de las Escrituras, y a enseñar y animar» (1 Timoteo 4:11,13). Deben de enseñarles «a los ancianos», «a las ancianas», «deben enseñar lo bueno», exhortar a los jóvenes «a ser sensatos» y enseñarles «a los esclavos» (Tito 2:2,3,6,9). En la enseñanza, el líder debe mostrar «integridad y seriedad, y con un mensaje sano e intachable» (Tito 2:7-8). Pablo enfatiza los elementos del carácter interno, el modelo y la enseñanza como fundamentales para el oficio.

CARACTERÍSTICA 10

# LA PREDICACIÓN INSPIRADA
*Demuestra una habilidad para predicar la Palabra de Dios de manera nueva y estimulante*

Terminó como cualquier otra reunión semanal del personal. Yo me sentía animado de que nuestra iglesia había crecido hasta el punto que pude contratar otro pastor para comenzar a desarrollar un grupo central de personas para establecer una iglesia nueva en una comunidad cercana. De momento, el pastor trabaja en nuestra congregación fortaleciendo relaciones, discipulando al grupo central y haciendo planes para fundar la nueva iglesia.

David era un evangelista. Él estaba intensamente enfocado en establecer una iglesia nueva y estaba apasionadamente invirtiendo tiempo en aquellos que él había identificado dentro de nuestra congregación para servir como líderes. Él se reunía con ellos regularmente y los guiaba en un camino de compromiso más profundo con Cristo, sabiendo que iba a necesitar que estas personas estuvieran fuertes y saludables para alcanzar el éxito en su nueva iglesia. Él quería aprovechar toda oportunidad al máximo para fortalecerle su fe, incluyendo los servicios de los domingos y el mensaje semanal.

Al final de su reunión, David se quedó atrás y quería obviamente hablar conmigo, lo cual no era inusual. Habíamos desarrollando una relación cercana debido a nuestro compromiso en común de establecer nuevas iglesias y atraer más gente a Cristo. Al detenernos cerca de las puertas de la sala de conferencia, él parecía estar incómodo.

«Buen mensaje el del domingo. Bien organizado y tenía buen contenido...»

*¡Qué amable!*, pensé. *Debe haber significado algo especial para él*. Había sido un buen mensaje. Había invertido tiempo y me sentía bien en cuanto a él, creyendo que era verdaderamente lo que la gente necesitaba escuchar esa semana.

«¡¿Pero adónde estaba el *poder*?!» La intensidad de David era una de sus puntos fuertes, pero en este momento sus ojos se sentían como puñales.

*«¿Qué? ¿Cómo me puede decir eso?»*

Era mi primera iglesia y la afirmación había sido frecuente. La gente había respondido bien y durante los tres años que llevaba como pastor de esa iglesia regularmente habían expresado apreciación por mi predicación. Ahora, cuando menos lo esperaba, este nuevo amigo estaba sacudiendo mi confianza.

Yo sabía que David era mi aliado. Él verdaderamente deseaba verme cumpliendo bien con mi llamado. Pero su grupo central para la nueva iglesia regularmente se alimentaba del menú de mensajes que predicaba yo, y él los necesitaba bien nutridos para el viaje que lo esperaba.

Mientras meditaba sobre el desafío de David, me di cuenta de que la predicación no se trata ni de un mecanismo bien aceptado ni de una presentación pulida ni de un esquema bien explicado. Ni siquiera se trata de un fundamento teológicamente sensato. La predicación se trata de *efecto*. No me refiero a resultados manipulados ni a respuestas emocionales ni a asentimiento intelectual. Me refiero a un efecto interno que ocurre en las almas de la gente y que los atrae más cerca en sus recorridos con Jesús. A veces puede ser a través del intelecto. Otras veces a través de la emoción. Otras, a través de la reflexión profunda. Y otras, a través de la acción espontánea.

La predicación está diseñada para traerles a las vidas de los oyentes un aliento de energía de Dios a través de la Palabra y el Espíritu de Dios de manera que produzca una respuesta.

Yo me había olvidado del centro de gravedad de la predicación. Por supuesto que había sido entrenado bien. Me iba bien en la práctica homilética. Practicaba buenas hermenéuticas. Tenía un compromiso hacia la misión. Pero la predicación misma se había convertido el enfoque, en vez del efecto en las almas de los oyentes. La predicación se había convertido en una aptitud que yo tenía que afinar para que la gente me apreciara. Una vez que la predicación se desconecta del efecto en las personas, se convierte en una actividad elaborada que pulimos y perfeccionamos para ganar la apreciación del público.

Pero el desafío de David me hizo pensar. Me llamó a revaluar lo que es la predicación y de donde viene el poder. La necesidad del efecto transformacional en la gente es una de las dos fuentes de poder principales. La otra es la obra profunda de Dios en el predicador para convertirlo en «un vaso noble, santificado, útil para el Señor» (2 Timoteo 2:21).

Desde ese momento en adelante, he estado en un viaje de descubrir la predicación no como un arte para ser apreciado por sí mismo, sino como un medio para efectuar la obra de Dios en las vidas de aquellos que escuchan. La predicación es comida que alimenta el alma de la gente, así que tiene que ser saludable y bien preparada, pero principalmente tiene que estar llena de poder para provocar la gradual pero necesaria transformación de aquellos que se alimentan de ella.

## Abastecer almas hambrientas

Los pastores efectivos comunican la Palabra de Dios de maneras que conectan la verdad con las preguntas diarias y las necesidades de la gente. Comprenden por igual la condición de los oyentes, la creatividad de la comunicación y el poder transformador de las Escrituras.

Ahora más que nunca, la gente anhela la predicación eficaz e inspirada. Se ha convertido en un factor determinante en muchas iglesias de si un pastor es llamado o no; es la cualidad más frecuentemente usada como punto principal de evaluación. Pocas iglesias hoy día considerarían contratar a un pastor sin haberlo escuchado predicar, un ejercicio del cual sin duda se abusa. Las personas que participan en la búsqueda pueden sentirse tentados a ser cautivados por talento, métodos y personalidad o de enamorarse de un gran comunicador y no observar las señales significativas de incompatibilidad o debilidad de carácter.

Entre las *15 Características de pastores efectivos*, esta es una que a primera vista parece estar en el dominio de actuación. En otras palabras, es una actividad de la parte superior del témpano de hielo comparado con una condición de la parte inferior del témpano. La mayoría de las 15 características tienen que ver con una dimensión interna o condición del pastor, mientras que la predicación tiene una inclinación obvia hacia la actividad. Debido a esta inclinación, es importante estar atento de no usar la predicación como una palanca de manipulación para llevar a cabo tu propio deseo o agenda.

Predicar, como una característica de pastores efectivos, no se debe de confundir con la enseñanza. Aunque existe una tendencia a considerar la predicación como equivalente a la enseñanza, sí *es* diferente. Mientras que la enseñanza se enfoca principalmente en la dimensión cognoscitiva de la vida del oyente, la predicación debe dirigirse hacia la voluntad del oyente a través de las dimensiones cognoscitivas, emocionales y conductuales de la persona. Es un llamado a ser diferente o a obedecer a Dios.

Piénsalo de esta manera: Imagínate que un enorme cargamento tiene que ser transportado desde una orilla de un río hasta la otra, desde el corazón de Dios hacia los corazones de tu gente. Enseñar es como usar una barcaza para trasladar el cargamento al otro lado del río. Una barcaza es de fondo plano y lenta, pero puede soportar mucho cargamento, lo cual puede significar menos viajes para transportar toda la carga. Al llegar al otro lado, se descarga el bote y se amontona el cargamento nítidamente para ser usado después, según se necesite. Puede que no se desempaque inmediatamente y puede permanecer allí sin ser usado por mucho tiempo.

Como alternativa, predicar es como usar una lancha con motor. Es rápida y tiene un frente con pico para deslizarse a través del agua con precisión y velocidad, pero solo puede cargar mercancía poco en poco. Requiere muchos viajes, cada uno debe consistir en un artículo pequeño pero especializado, que pueda ser descargado rápida e inmediatamente y asignado a su uso.

El conductor de la lancha tiene que estar consciente de las necesidades en la orilla lejana del río para poder entregar el cargamento correcto. En efecto, el predicador necesita tener un pie en el cielo y uno en la tierra, y un ojo vigilante sobre la condición de la gente. Recuerda, predicar no se trata de tu agenda; se trata de encontrar el alimento y la frescura adecuada para las almas. Esta es la responsabilidad del pastor, y demanda que prediques en abundancia y con efectividad.

## Predicación personificada

La predicación inspirada es enfocada, creativa, dadora de vida, rica y conectada a Dios y a la gente. Esto conduce a un principio de la predicación que no se puede enfatizar lo suficiente: *La predicación tiene que encarnarse*. En otras palabras, tiene que vivirse en la vida del pastor. ¿Significa esto que tienes que experimentar primero todo lo que predicas? Por supuesto que no. Predicar acerca del pecado no significa que tienes que experimentar cuanto pecado puedas para poder hablar acerca de él efectivamente, pero sí significa que viajas con tu gente como otra persona que se encuentra en necesidad de gracia. Tienes que encarnar el mensaje de Dios antes de que puedas hablar de él.

Cuando Dios consideró como comunicarse mejor con nosotros para restaurar la imagen divina en nosotros, él intentó varios métodos: profetas, sacerdotes, reyes, jueces; pero como dice Hebreos, «en estos días finales nos ha hablado por medio de su Hijo» (Hebreos 1:2). Jesús se convirtió en Dios encarnado para comunicar el mensaje de Dios de salvación y sanidad. Si no hubiera sido por la encarnación, la Palabra no hubiera tenido efecto transformacional. Jesús caminó en nuestros pasos para que pudiéramos cambiar.

De manera similar, tú tienes que ser una palabra encarnada para la gente, poniéndote en su lugar como solo un pastor lo puede hacer. La vida tiene que ser el contexto de la predicación. Solamente de la abundancia de relación y confianza es que tendrá significado la predicación para la salud y la salvación del pueblo. *Ser* el mensaje es igual de importante que *hablar* acerca de él. La gente observa y escucha; no solo escuchan tus palabras sino que siguen tu ejemplo.

La predicación nueva y estimulante saldrá desde muy dentro de ti hasta el punto en que tú vivas los nuevos descubrimientos de la Palabra de Dios hechos realidad en tu vida. Encarnar el mensaje lo presentará de manera que sea dador de vida y que se conecte con las necesidades de la gente. Predicar no es una técnica que tiene que dominarse, no es un arte que se adquiere. Predicar es la realidad detallada de tu llamado a guiar al pueblo a un amor y a un conocimiento más profundo de Dios. La naturaleza de la predicación «encarnada» significa que Dios no puede hacer a través de ti lo que aún no ha hecho en ti.

Habiéndose dicho eso, no deberías de sentir que tienes permiso para hacer predicaciones de baja calidad. Las verdades que comunicas pueden ser invariables, pero la entrega tiene que explotar tanto la creatividad que proviene de Dios, como tu pasión por las relaciones con tu gente. Siempre debes de preguntarte si tu predicación tiene el impacto que querías, esto es un buen indicador de tu efectividad, y de qué manera puedes comunicar mejor la Palabra de Dios a tu gente. ¿De qué manera te escucharán mejor? ¿Con qué tendrán más conexión? Estas preguntas estilísticas no pueden reemplazar la prioridad que es el mensaje fundamental, pero sí deberían de ser factores para crear predicaciones inspiradas que son de Dios y están conectadas al pueblo.

\* \* \*

Sea o no la predicación tópica, explicativa o expositiva, esto es irrelevante. Elige tu preferencia y la que cumpla con las necesidades urgentes de tu congregación. De todos modos, asegúrate de tratar a las Escrituras correctamente: Expone la Palabra de Dios; no la fuerces ni tampoco le impongas tu agenda. Dios ha comunicado a través de la Palabra todo lo que necesitamos para la verdad y la vida. Es tu responsabilidad encontrar contexto y estructura a través del estudio y la reflexión.

Las Escrituras no fallarán en llevar a cabo lo que Dios quiere cumplir; ellas son inspiradas por Dios y confirmadas por miles de prudentes y reverentes cristianos como la fuente principal de la autoridad para la verdad y la vida. No asumas que puedes mejorar o alterar las Escrituras cambiándolas para que encajen con tus prioridades.

Tu habilidad para predicar de una manera nueva y vigorizante será un indicador de tu propia vitalidad como un instrumento de Dios y de tu efectividad en guiar a tu pueblo a ser el pueblo de Dios. Esta es una tarea que debes de tratar con gran humildad y entrega, y emprender con pasión y valentía.

## FUNDAMENTOS EN LA HISTORIA DE LA IGLESIA

### JOHN WESLEY (1703-1791)

John Wesley enfatizaba el otorgamiento de poderes como el sello de la eficacia. Tres categorías principales de características guiaban lo que buscaba Wesley en los pastores: gracia, dones y fruto. Estas tres categorías formaban las preguntas de examen que se les hacía a los pastores metodistas anualmente.

La *gracia* tiene que ver con la relación personal que tiene el pastor con Dios. ¿Conoce el pastor el perdón y la santidad de Dios? ¿Desea y busca solamente a Dios? ¿Está buscando la santidad de Dios en su vida cotidiana? Esta categoría trata la autenticidad y la vitalidad de la fe del pastor.

## Característica 11

# EL LLAMADO SEGURO:
*Las vidas y los ministerios surgen de un sentido claro del llamado*

«¡Dios me dijo que lo hiciera!».

Es la inexpugnable tarjeta de triunfo sacada para justificar tantas cosas, sean buenas o malas. ¿Cómo podemos argumentar contra ella? No existe ninguna defensa, ningún argumento. Silencia toda duda y rechaza las preguntas de los incrédulos. Después de todo: «¿Quién soy yo para cuestionar lo que Dios está haciendo en la vida de otro?».

Lo tienes que haber escuchado más de mil veces. Tal vez hasta has sido confrontado por gente en tu iglesia quienes desafían tus esfuerzos para guiar, redirigir y detener alguna acción que puede ser perjudicial usando el argumento «¡Dios me dijo que lo hiciera!».

Las pastores que buscan la licenciatura y la ordenación pueden ser especialmente propensos a presentar esta frase durante el proceso de examen y entrevista. Los pastores aspirantes son cuestionados acerca de sus razones para querer ser ordenados, cambiar de papel o iniciar algún ministerio, y la junta de examen se bloquea cuando el candidato juega su mejor carta: «Bueno, solo sé que Dios me llamó».

Tal vez tú eres uno de esos que confrontó tu proceso de ordenación con este as escondido en tu manga para asegurarte de que obtenías lo que querías, y ahora tal vez te preguntas si fuiste llamado del todo. Tal vez cuando observas a tu alrededor ves sueños incompletos, conflicto no resuelto, inmovilidad y ministerio detenido que requieren toda la energía que puedas reunir solo para levantarte por la mañana.

La eficacia te elude y comienzas a preguntarte si lo que creías que era un llamado de Dios para ser pastor, o para pastorear esta iglesia en particular, no era un llamado del todo. Tal vez era tu necesidad o deseo de cumplir con tus expectativas de lo que un pastor debería de ser. Tal vez estabas tratando de cumplir con los deseos de tus padres y lo describiste como un llamado. Tal vez estabas tratando de alcanzar una posición de poder e influencia, o de cumplir con una pasión malentendida para ayudar a la gente.

Entretejida con la eficacia de los líderes pastorales está el poder complejo del llamado de Dios para servir. A veces otra cosa se etiqueta como un llamado cuando en realidad no lo es. ¿Interés personal? Tal vez. ¿El deseo de hacer algo bueno? Probablemente. ¿Pero un llamado de Dios para pastorear? Tal vez no. Ya que el llamado es una fuente continua de eficacia, es importante mantenerlo claro y seguro.

Los pastores efectivos tienen una convicción profunda de que su trabajo es una respuesta obediente al propósito divino de Dios para sus vidas. Buscan el ministerio con una urgencia, calidad y tenacidad tal, que refleja el asidero de Dios en sus almas.

## Llamado continuo

Un llamado de Dios para servir en el liderazgo del ministerio no es estático; es dinámico. El llamado no ocurre solamente una vez sino que se renueva en el compromiso vigoroso con las oportunidades diarias del ministerio. Es importante recordar el lugar y la hora en que sentiste por primera vez el llamado de Dios al ministerio pastoral, pero ese acontecimiento no puede ser la fuente de motivación o de poder para tu liderazgo actual en el ministerio. ¡Eso sería como tratar de guardar maná, el cual cae cada día, en caso de que llegue a hacer falta! Se pudre y pierde potencia. Es solo cuando tu llamado regularmente informa y forma tu vida, que de verdad se cumple.

Debido a esta relación dinámica, tus actividades se motivan por tu llamado, pero tu llamado también se afecta por tus actividades: la reflexión y la acción diaria son el fertilizante que le da a tu llamado vida y apoyo. Lo opuesto también es posible. Puede que comiences con un entendimiento sano de tu llamado solo para encontrar que después de años de ministerio, tu llamado comienza a redefinirse para cumplir con la necesidad o el deseo del momento. De todos modos, al dejarlo aislado en el pasado o al dejarlo ir a la deriva a través de los años, tu llamado puede perder intensidad y al final desvanecerse. Pero sin él, tu enfoque, motivación y fuente de cumplimiento desaparecen.

Volver a visitar la naturaleza y el fundamento de tu llamado es un elemento esencial para la eficacia continua en el ministerio pastoral porque tu experiencia y tus dones son continuamente refinados y desarrollados a nuevos niveles. Tu llamado es formado y moldeado cada día, mientras reconoces que al cumplir con las actividades del ministerio pastoral, no lo estás haciendo para complacer a la gente, sino para servir y complacer a Dios. Tú vives por Uno, no por muchos. Como ha dicho Os Guinness: «Un vida vivida escuchando el llamado decisivo de Dios es una vida vivida ante una audiencia que triunfa por sobre todas las otras; la Audiencia de Uno».[1]

## Llamado absoluto

Dios llama y la iglesia lo confirma. La iglesia es el cuerpo de Cristo. Tiene la intención de trabajar en coordinación con y cumplir con la voluntad de la Cabeza. Cuando alguien apela al llamado de la Cabeza, sin confirmación proporcional del Cuerpo, ese llamado no es válido. Jesús estableció la iglesia para llevar a cabo su voluntad en el mundo, incluyendo la multiplicación de nuevos líderes.

La mayoría de las denominaciones tienen un proceso para reconocer y afirmar ese llamado. Puede parecer incómodo y sin sentido, pero cualquier proceso puede ser significativo si la actitud con la que se desempeña lo ve como el trabajo de la iglesia al confirmar el llamado de Dios. El proceso no es simplemente pasar por varios obstáculos solo para poder colgar un papel en la pared. El reconocimiento no es una licencia para ejercer, es un reconocimiento de lo que está haciendo Dios.

Tuve dificultad a menudo describiéndoles la naturaleza e importancia de esta formación profunda y mística a los candidatos para la ordenación mientras estos se preparaban para su servicio. La formación proviene de un llamado y se confirma por la iglesia en los votos de ordenación. Generalmente les decía que existe una profunda obra de Dios que se manifiesta en ellos cuando se imponen manos sobre ellos y el peso de su llamado se confirma por la iglesia. Su responsabilidad era darle la bienvenida a ese llamado y descubrir la plenitud de este en disponibilidad completa a Dios. Regresaron después innumerables veces y testificaron: «No entendí lo que querías decirnos en ese momento, pero lo entiendo ahora».

En cualquier discusión acerca del llamado, es imperativo que haya claridad con respecto a lo significa eso. Tantas cosas caen bajo el concepto de llamado que sería muy fácil confundirse, y hasta frustrarse, por la confusión que se puede crear. Generalmente, en discusiones acerca de la idea del llamado en el ministerio pastoral, nos estamos refiriendo al tipo de llamado semejante al llamado de Leví para servirle a Dios ministrando espiritualmente a su pueblo. Ese llamado levítico consume todo el tiempo disponible y redirige la vida de uno por completo, apropiándose de la energía, los dones, las prioridades y hasta los recursos.

Observe que en los relatos del Éxodo cuando Moisés le asigna tierra a cada tribu, a Leví no se le asigna nada. Los levitas tenían asignado el tabernáculo y el transporte de este, para traer su presencia al pueblo adonde quiera que se encontrara.

Igualmente, cuando Josué repartió terreno a las tribus, a Leví no se le dio ninguno. El Templo era el lugar de ellos, trayendo la presencia de Dios al pueblo y representando al pueblo a Dios. Aunque tenían un lugar geográfico, era solo hasta el punto en que ese lugar representaba a Dios entre ellos.

En ambos casos, observa la importancia del lugar, y mira la correlación cercana entre aquellos llamados por Dios y la ausencia de cualquier accesorio que no sean aquellos cercanamente asociados con la presencia de Dios. De manera similar, cuando hablamos del «llamado al ministerio pastoral», en cierto sentido ese llamado trasciende lugar y está libre de cualquier acción extra que impida lealtad y movilidad completa para traer el ministerio al pueblo, donde sea que esté.

En la tradición metodista de puestos pastorales, existe la presunción de que una vez que una persona responde al llamado de Dios, esa persona esta comprometida a ser itinerante. En otras palabras, está dispuesta a ir a donde sea necesario para cumplir con el llamado y a servirle a Dios y a la iglesia. Los antiguos predicadores itinerantes metodistas enfatizaban este concepto en sus predicaciones y asignaciones rotantes de cuidado pastoral que constituía su «circuito» (región) de congregaciones.

El antiguo pastor metodista dependía por completo de las congregaciones para obtener provisiones. ¿Recuerdas cómo los sacerdotes en el Antiguo Testamento dependían de las ofrendas de los devotos para sustentarse? No tenían tierra para sembrar ni ganado arrear. Lo que comían provenía de la gente cuyo acto de donación se hacía en adoración a Dios, quien, por su parte, ministraba a sus necesidades a través del ministerio de los sacerdotes.

Aunque muchas de las circunstancias han cambiado, es importante mantener este fundamento en mente. Cuando contestaste el llamado al ministerio pastoral, le dijiste sí a un compromiso completo de la obra de Dios en el mundo como líder. Juraste entregarte para ordenar la adoración del pueblo sin ningún apego que pudiera estorbarle al ministerio y prometiste ir a cualquier parte sin pertenecer a un lugar en particular, excepto dentro del pueblo.

Hace unos cuantos años, un amigo cercano me presentó una idea buenísima. Él sabía que los pastores y los líderes de las iglesias por lo general no son las personas mejor pagadas en el mundo. También sabía que mis hijos iban para la universidad en pocos años y que el costo de la matrícula iba subiendo vertiginosamente.

Él había encontrado un gran plan que me permitía involucrarme en un negocio que multiplicaría mi dinero rápidamente y me propuso que lo hiciera para proveerles ahorros a mis hijos para que los usaran para pagar la universidad. Era una buena idea de un amigo cariñoso quien tenía interés en ayudar a mis hijos. Tenía las mejores intensiones. ¿Quién podía echarle la culpa? Consideré el plan durante mucho tiempo aunque una inquietud me mantenía cauteloso.

Después de unos cuantos días de consideración y oración, mi esposa y yo finalmente logramos entender la preocupación latente en lo profundo de nuestros corazones. Cuando hablé con mi amigo le dije que cuando contesté el llamado al ministerio y juré en mi ordenación, prometí mantenerme alejado de cualquier impedimento que potencialmente pudiera distraerme de entregarme por completo a la obra de Dios a través de la iglesia. Tenía que decirle no, a cualquier cosa que pudiera drenar energía o mis mejores esfuerzos del llamado de Dios. Tenía que mantenerme desenredado para poder estar a la disposición completa de Dios. Por fortuna, mi amigo aceptó mi explicación y se sintió profundamente impactado por lo que significa ser llamado por Dios.

Responder el llamado del ministerio pastoral es mucho más que un trabajo. Es más que una misión. Es dedicación total, disponibilidad completa y separación de cualquier cosa que pueda socavar la respuesta al toque insistente del Espíritu de Dios. Es más que aprender un oficio o ser consumido por una visión y comprometerse a una misión; significa tomar decisiones que te hacen completamente disponible y libre de autodeterminación.

El llamado al ministerio pastoral es diferente a entrar a una profesión o descubrir una vocación. Aunque es cierto que cualquier vocación puede ser un ministerio, el llamado pastoral no es simplemente otra vocación. El ministerio requiere la desconexión de redes y estorbos, algo que no se requiere de otras vocaciones. Esto no significa que el pastor nunca tiene un hogar o que nunca tiene que trabajar construyendo carpas para ganarse la vida, pero de cierta manera, la naturaleza dependiente y transcendente del pastor es muy parecida al antiguo sacerdocio levítico.

Esta abarcadora identidad pastoral es indispensable para encontrar la eficacia en el ministerio. Sin un llamado, claro, distinto e inconfundible, la identidad pastoral o carecerá de forma o se formará alrededor de un entendimiento mal concebido del pastorado como una carrera.

La mayoría de las personas están de acuerdo en que los pastores juegan un papel dentro de la iglesia que puede ser estresante y acompañado por momentos tensos. En vez de asumir un papel de víctima y despertar la compasión de la gente, los pastores deberían de reconocer que tales circunstancias son parte de su llamado. Permitir que el ministerio pastoral sea definido como un «trabajo estresante» lo reduce a un simple oficio.

En realidad, el pastorado no es simplemente un trabajo con mucho estrés, es mucho más. Existen muchos oficios con el mismo o mucho más estrés que el de ser pastor. No te hagas la víctima ni busques la lástima de la gente solo porque tienes que lidiar con tu estrés. Si el estrés es tu problema, tal vez el verdadero asunto sea tu llamado, o la falta del mismo. En las presiones del ministerio, las circunstancias difíciles representan la razón por la que Dios te ha llamado: ser las manos y los pies de Jesús para traerle plenitud a las personas. Estas presiones sirven no solo para purificar el llamado en ti, sino también para solidificar ese llamado con raíces más profundas.

En una condición de ineficacia, o encontrarás a tu llamado purificado y fortalecido con sabiduría nueva para saber cómo ser utilizado, o descubrirás que es falso o deficiente y dejarás el ministerio pastoral. Entender la naturaleza y la profundidad del llamado de Dios es un elemento importante en tu eficacia.

## El llamado frente al nombramiento

Para estar seguros, el llamado no es necesariamente lo mismo que el nombramiento. A menudo se confunden los dos en una cultura que se define en gran parte por posición. Una vez un reportero me preguntó si yo había sido llamado a la posición que asumía. Le dije: «No. Esto es una posición que me permite cumplir con mi llamado. Mi llamado es mucho más profundo que este papel». Primero hubo una reacción de confusión, pero unas cuantas palabras breves explicaron el respeto profundo que ella siempre había tenido por aquellos llamados por Dios; ella no lo había clarificado en su propia mente. El nombramiento es circunstancial y vinculado a un lugar. El llamado transciende a ambos.

En muchos ámbitos, nuestra terminología causa confusión acerca de la naturaleza profunda del llamado que le hace Dios al pastor. Las denominaciones con una constitución particular, casi siempre congregacional, a menudo describen el proceso de la aceptación de una posición pastoral como «aceptar el llamado», y las juntas de las iglesias discuten los próximos candidatos pastorales en términos de encontrar al que le «extenderán un llamado». Estos están perfectamente aceptables mientas que no se confundan los procesos eclesiásticos con el llamado espiritual que hace Dios. Uno está basado en la identidad. El otro en posición.

Tal vez un ejercicio útil sea describir varios niveles del llamado. Muchas personas lo describen de manera diferente pero deberían de existir hilos en común que corren a través de cualquier descripción cuidadosa del llamado al ministerio pastoral. Las palabras de Charles Spurgeon pueden proveer una pista de esos hilos comunes:

> No le queda más remedio a un hombre quien verdaderamente lleva en sí mismo la inspiración del Espíritu Santo llamándolo a predicar. Tiene que predicar. Como fuego en sus huesos será esa influencia hasta que arda. Amigos pueden retarlo, enemigos criticarlo, gente despreciativa burlarse de él, el hombre es indomable y tiene que predicar si tiene el llamado del cielo.[2]

Describamos el concepto del llamado en cuatro niveles. Primero está el nivel más extenso del llamado: el llamado al discipulado. Este es el llamado que le hace Dios a todo el mundo, invitando al que quiera, a seguir a Jesús en discipulado por fe. No todo el mundo responde, pero el llamado es amplio y claro.

Segundo, el llamado a la servidumbre. Esta dimensión es muy importante. En ella, Dios invita a cualquiera que responda, a seguir a Cristo en el camino hacia la formación. Recuerda nuestra discusión en el capítulo de acerca del liderazgo servicial: significa vaciarse uno mismo y humillarse en servicio al Señor. Este es un llamado difícil que elimina a las personas que no están listas para pagar el precio requerido para el autorendimiento, mas aún permanece un llamado para todos.

En tercer lugar está el llamado al servicio completo y total a Dios y a su obra en el mundo, a través de la iglesia. Esto se describe mejor con la idea que ya hemos discutido: disponibilidad completa a la obra de Dios y al servicio y liderazgo del pueblo de Dios de manera sana y transformadora. Esto requiere un profundo y transformador trabajo en el corazón.

El cuarto nivel es un tipo de llamado que ha comenzado a penetrar las conversaciones con gran facilidad y regularidad. Es un llamado a un lugar o a una posición particular, tal vez una descripción más adecuada sería «nombramiento».

Es común escuchar a un pastor decir que él fue «llamado a pastorear esta iglesia». Bueno, tal vez, pero casi siempre Dios hace un llamado al servicio total y completo, y permite gran libertad para determinar donde se cumplirá el llamado. Estas son buenas y malas noticias.

Las malas noticias es que significa que tendrás que reflexionar y orar para desarrollar un sentido de concordancia y sabiduría para determinar si aceptas una posición o no. No estoy sugiriendo que Dios te abandona y espera que tú mismo soluciones el problema sin su ayuda; el Espíritu Santo guiará, impulsará, acelerará y, a veces, frustrará planes para un lugar particular de ministerio. Pero esta guía no es un llamado, es un diálogo y una conversación natural que acontece entre buenos amigos mientras consideran cuál será la mejor manera de sentirse realizado en el ministerio.

Esto no es para decir que Dios nunca llama a alguien a un lugar particular. ¿Recuerdas cómo el Espíritu llamó a Pablo a Macedonia? En ciertas ocasiones, Dios simplemente elimina la neblina y llama a alguien a un trabajo particular, pero ten cuidado de basar en Dios una decisión de nombramiento y decir que fuiste llamado. Cuando de repente las cosas no van bien, ¿significa que no fuiste llamado? No culpes a Dios por lo que él quiere que tú asumas en tu propio viaje como un pastor responsable y guiado por el Espíritu.

Las buenas noticias son que cuando te hallas en un cargo difícil y las cosas se están desboronando a tu alrededor, tu llamado no tiene que ser socavado. Solo porque no eres eficaz donde estás ahora no significa que nos eres llamado por Dios a la disponibilidad y dependencia completa del Espíritu y de la iglesia. Tu llamado puede estar intacto y saludable aunque tu posición no encaje bien.

Recientemente, ayudé a una iglesia grande con el proceso de una transición pastoral. Fue doloroso para muchos e hiriente para la iglesia debido en gran parte a la confusión por parte del pastor con respecto a la naturaleza del llamado de Dios. Por alguna razón, él estaba igualando el llamado de Dios con esa posición particular. Aferrándose tenazmente a la posición, creó tensión, división y dolor entre la gente de la congregación quienes por muchos años habían sido buenos amigos y compañeros en la iglesia.

Un entendimiento mal concebido del llamado le permitió al pastor convertirse en el factor divisorio. Una vez que te conviertes en el problema central de la iglesia, tu tiempo se acabó. Pelear por mantener tu cargo no le hace bien a nadie. De hecho, fácilmente puede herir no solo a la iglesia, sino también a la opinión que tiene la gente del cargo pastoral. De pronto la comienzan a ver como una posición para defender, apreciar y anhelar sin entender que un llamado al ministerio pastoral siempre transciende a una posición particular de un nombramiento.

Los nombramientos difíciles pueden servir para enfocar la naturaleza de tu llamado para que puedas, con más sabiduría, ser mejor posicionado en el ministerio. Mantén una distinción clara entre llamado y cargo. Tú puedes llegar a la conclusión de que emprender un papel en la iglesia te parece sabio a ti y al Espíritu Santo, y eso le dará una canalización a tu llamado. Puedes ser como el jugador de fútbol americano que pesa 57 kilogramos: Solo porque no te va tan bien en el placaje no significa que deberías dejar de jugar. Prueba la posición de «tight end» o de corredor y tal vez la pasión que te hizo involucrarte en el deporte al principio, será reavivada y encontrarás la eficacia.

## Clarificar el llamado

¿Entonces qué ocurre si no eres eficaz en tu ministerio pastoral? Bueno, puede ser una cuestión simple de posición. Con suerte tienes un supervisor o pastores compañeros quienes pueden hablarle a tu vida con amor sincero para describir que ellos pueden ver y tú no. No ignores a esas personas, y cuando te traen palabras fuertes, no reacciones en tu defensa. Tu ineficacia puede ser una simple cuestión que no necesariamente amenaza a tu ego, y mucho menos a tu llamado. Si eres llamado, ese tipo de momentos pueden ser difíciles, pero no tienen que ser destructivos. Tu llamado debería de darte libertar para explorar esas preguntas con honradez.

Por otra parte, pueden existir verdaderos casos en que tu llamado entra en duda. Esta es una etapa muy seria en tu vida. No te alejes de ella, pero tampoco la enfrentes solo. Invariablemente, el yo humano tratará de tomar control y defenderse a sí mismo cuando se deja en contemplación aislada. Encuentra un director espiritual, un supervisor, un respetado pastor compañero. Junto con la promesa de honestidad de tu pareja, si estás casado, adopta por completo la duda y emprende el viaje investigativo.

Aquí hay cuatro preguntas que te pueden ayudar en el viaje. Es tan importante que no podíamos dejar este asunto sin presentarte algunos asideros para que te sostengas. Aunque estés seguro de tu llamado, la claridad es tan importante para la eficacia, que estas preguntas también pueden servir para profundizar la tuya. Estas no son las únicas preguntas que pueden provocar la reflexión buena y llena de oración, sin embargo, esperamos que pongan tu mente en el camino correcto y le den expresión a tu deseo de iniciar el viaje. Más que todo, haz este viaje de investigación en compañía íntima del Espíritu Santo y de amigos devotos y sabios.

Dos de estas cuatro preguntas son subjetivas y tratan con la naturaleza interna de tu llamado, mientras que las otras dos son objetivas y tratan con factores externos.

1. ¿Puedo describir un encuentro con Dios donde percibí claramente su toque o su voz alentándome a entregarme por completo a la disponibilidad y la dependencia para crear salud y crecimiento en la iglesia?

2. ¿Hay otras personas devotas y sabias que pueden afirmar que estoy llamado para guiar y pastorear en el iglesia?

3. ¿Siento un cumplimiento y una paz interna cuando participo en actividades que cumplen con mi llamado? ¿Existe una intersección clara entre mi personalidad, pasiones y llamado que resulta en sinergia dinámica en mi corazón?

4. ¿Hay resultados obvios que son reconocidos por mí y por otras personas sabias que desarrollan la iglesia y que son consecuentes con mi llamado?

Los elementos clave de estas preguntas son:

- El testimonio interno que tienes en respuesta al Espíritu Santo (manténte disponible en oración acerca de esto)

- La evidencia fructífera o de resultados que viene de tu ministerio (sé honesto acerca de este)

- La afirmación de otras personas sabias (sé receptivo acerca de este)

\* \* \*

Tu llamado puede ser el regalo más precioso de Dios, aparte de la salvación. No tiene la intención de sostener un ministerio fracasado. No tiene la intención de redefinir el fracaso como éxito en el ministerio. No tiene la intención de ser reducido a un simple trabajo o a una vocación. No tiene la intención de provocar respuestas compasivas por parte del laicado debido a las circunstancias difíciles que a menudo lo acompañan.

Tu llamado es un don de Dios. Su valor no está en el cumplimiento de deberes; su valor deriva del que te ha llamado. No es importante si otros lo valoran o no, aunque tú te esfuerzas por representarlo bien. Lo que sí es importante es que Dios esté contento y que la iglesia madure. Tu llamado es una responsabilidad de Dios, confirmada por la iglesia, que te forma. Agárrate de esa responsabilidad con gran alegría y agradecimiento, y toma medidas con la ayuda de Dios para clarificarla para la eficacia en el ministerio.

**Notas**
1. Os Guinness, *Rising to the Call* W Publishing Group, Colorado Springs, CO, 2003.
2. Charles Spurgeon, citado en Arnold A. Dallimore, *Spurgeon: A New Biography* Banner of Truth, Edinburgh, 1987.

## FUNDAMENTOS BÍBLICOS

### HECHOS 6

Hechos 6:1-5 es una parada obligatoria en nuestro recorrido de los fundamentos bíblicos del pastorado. En medio de una disputa que involucraba la distribución de comida, los apóstoles decidieron seleccionar a siete líderes para administrar el programa. La base lógica era que no estaría «bien que nosotros los apóstoles descuidemos el ministerio de la Palabra de Dios para servir las mesas» (v. 2).

La verdad es que los pastores contemporáneos pueda que no se vean a sí mismos como iguales a los apóstoles. El modelo para el liderazgo espiritual eficaz, sin embargo, es importante. Cuando se comprometieron a dedicarse «de lleno a la oración y al ministerio de la palabra» (v. 4), el ministerio de la antigua iglesia prosperó.

Los pastores efectivos se aseguran del cuidado de los necesitados en la iglesia pero no permiten que las preocupaciones físicas o administrativas se conviertan en el enfoque principal de su trabajo. La oración y el comunicar la verdad de Dios tienen que ser la prioridad.

## Característica 12

# EL CARÁCTER DEVOTO
*Demuestra un carácter devoto, manifestado a través del fruto del Espíritu*

Existen pocas cosas tan ricas como una ciruela madura y jugosa arrancada del propio árbol. El árbol de ciruelas en el patio de la familia Smith era una belleza. Cada año, ellos observaban las ramas, esperando que aparecieran las grandes ciruelas.

Un año, la anticipada fruta no apareció. Los Smith no tenían idea de lo que había pasado. Un poco de investigación reveló la fuente del problema: Las raíces tenían una enfermedad. Esta era curable si se detectaba a tiempo, algo que no se había hecho. El árbol de los Smith todavía estaba en pie pero no daba fruto. El doloroso descubrimiento reveló el hecho de que ellos estaban enfocados en la fruta en vez de en las raíces. La fruta buena siempre fluye de raíces sanas.

Darrel, era un pastor muy talentoso, inteligente, brillante en teología, ingenioso, disciplinado y bueno con la gente. No era sorprendente, que su iglesia crecía rápidamente. La denominación comenzó a subirlo de rango, y fue entonces que unas cuantas personas cercanas a Darrel comenzaron a notar que él no era igual de paciente como lo era antes. A menudo estaba susceptible y arremetía sin ningún aviso. El doctor de Darrel le aconsejó que perdiera 9 kilogramos de peso. Su esposa se enojó cuando encontró la edición de la revista *Sports Illustraded* «Vestidos de baño» en su maletín.

Nadie expuso a Darrel porque su iglesia estaba creciendo, sus mensajes eran poderosos, sus oraciones estaban siendo contestadas de manera milagrosa y el presupuesto de la iglesia crecía. Pero Darrel y aquellos cercanos a él cometieron un triste error: Comenzaron a disfrutar de los resultados y dejaron de enfocarse en las raíces.

Darrel no chocó, no tuvo ningún problema amoroso ni se escapó con el dinero de la iglesia, por lo menos no de momento. Él solamente comenzó a ir hacia atrás en su actitud y en su enfoque. Animaba al ministerio con los más recientes programas mientras que su propia pasión por la vida espiritual se marchitaba. El descenso fue gradual y poco evidente. Darrel terminó en un cuarto de un hotel con la esposa de un anciano de su iglesia y las tarjetas de crédito de la iglesia se pasaron del límite permitido con sus compras personales, todo el mundo se horrorizó. Aquellos cercanos a él no debieron de haberse sorprendido.

Un carácter devoto es más valioso que las buenas habilidades de ministerio. Ambos son importantes, pero la carencia de carácter devoto tiene consecuencias mucho más graves. El carácter devoto sin buenas habilidades de ministerio es un tren lento dirigido en la dirección correcta. Las buenas habilidades en el ministerio sin carácter devoto es un tren veloz dirigido hacia un puente viejo: alguien va a terminar herido.

Consistentemente, el carácter devoto demostrado a través de la manifestación del fruto del Espíritu es esencial para el pastoreo eficaz. Las raíces, y no los resultados, tienen que ser la prioridad. Los pastores efectivos establecen como prioridad el desarrollo de su carácter por encima del «éxito» de sus iglesias. Demuestran la vida del Espíritu a través de las características que marcan sus actitudes y acciones diarias.

El apóstol Pedro identificó esta prioridad y la enfatizó en 2 Pedro 1:5-9:

> Precisamente por eso, esfuércense por añadir a su fe, virtud; a su virtud, entendimiento; al entendimiento, dominio propio; al dominio propio, constancia; a la constancia, devoción a Dios; a la devoción a Dios, afecto fraternal; y al afecto fraternal, amor. Porque estas cualidades, si abundan en ustedes, les harán crecer en el conocimiento de nuestro Señor Jesucristo, y evitarán que sean inútiles e improductivos. En cambio, el que no las tiene es tan corto de vista que ya ni ve, y se olvida de que ha sido limpiado de sus antiguos pecados.

Algunos pastores son miopes; no tienen una visión adecuada de hacia donde los lleva su carácter. Si viven en negación durante mucho tiempo, quedarán ciegos, negando sus defectos de carácter a sí mismos y a otros. Así como crecen las raíces alrededor de los obstáculos, estos pastores construyen desvíos alrededor de sus problemas de carácter para no tener que enfrentarlos. Trabajan alrededor de ellos, en vez de eliminarlos. Sus prioridades son seguir adelante con sus ministerios en vez de quitar las rocas de sus vidas.

Concentrarse en la salud y la profundidad de las raíces del carácter devoto evitará que te vuelvas ineficaz a través del largo recorrido del ministerio. Pedro esencialmente dice: «Si descuidas el desarrollo del carácter te volverás ineficaz e poco productivo». Dejar de enfocarse en las raíces de la formación del carácter producirá superficialidad. Un árbol cuyas raíces son poco profundas puede ser fácilmente derribado, y descuidar las raíces de tu carácter te deja expuesto a ser derribado por las fuerzas de las actividades del ministerio.

## Conocer al Pastor

Cuando tenía 26 años, era impulsivo y un tanto engreído mientras me bajaba del púlpito. Acababa de pronunciar un sermón a 2.000 personas, el cual se recibió de manera muy entusiasta. Mientras comenzamos a cantar el canto de despedida, escuché al Espíritu del Señor hablar claramente: «Solamente un cordero».

Sabía exactamente a lo que se refería: Yo nunca debería de ser más que un cordero en el rebaño, siempre necesitando la guía, el cuidado y la protección del Pastor. Si yo pensaba que mi rendimiento me había colocado en un lugar para recibir privilegios especiales, estaba equivocado. La manera en que yo seguía al Espíritu, siempre sería más importante a la manera en que yo guiara a la gente.

El carácter que corre profundamente con la devoción no solo mantendrá a un ministerio alto y extenso, sino que también te mantendrá en un estado de búsqueda. Te mantendrá abierto, siempre buscando el conocimiento, el aprendizaje, el crecimiento, la profundidad. Raíces profundas de carácter te mantendrán como una oveja. Si se te olvida que eres una oveja mientras estás tratando de ser un pastor, te colorarás en una posición de fracaso en el ministerio y en tu vida personal. Sigue al Pastor Jefe en los caminos de rectitud o serás descalificado como pastor eficaz.

El carácter es el conjunto de cualidades internas que determinan tu respuesta, a pesar de las circunstancias. La reputación es lo que la gente piensa que eres, pero el carácter es quién tú y Dios saben que eres. Los pastores que se enfocan en el carácter, descubren que la reputación se encarga de sí misma. La palabra «carácter» viene de la palabra griega *kharakter*, la cual se refiere a una marca grabada. En la época bíblica, un grabador hacía una serie repetida de rayones en un patrón específico y esta cuidadosa repetición resultaba en un grabado. De la misma manera, el carácter se forma a través de una repetida serie de decisiones. Cada una de esas decisiones deja una marca en el interior de la vida de una persona, y con el paso del tiempo, otros pueden predecir de qué manera va a responder esa persona a una serie de circunstancias debido a la existencia de esa marca interna en su vida.

Los pastores efectivos están determinados a desarrollar su carácter a lo largo de sus vidas. Se mantienen en una búsqueda continua de transformación hasta que alcanzar el carácter de Cristo. Anhelan borrar las marcas previas de su vida antes de conocer a Cristo y ser completamente marcados a semejanza de Cristo.

El apóstol Pablo ansiaba más de esta transformación de carácter incluso cuando se acercaba la conclusión de su ministerio. Él firmemente declaró en Filipenses 3:10, «lo he perdido todo a fin de conocer a Cristo, experimentar el poder que se manifestó en su resurrección, participar en sus sufrimientos y llegar a ser semejante a él en su muerte». Pablo quería experimentar el poder de la resurrección de Cristo, pero su enfoque no era solamente en el poder que resucitó a Jesús, sino también el poder del Cristo resucitado en la vida cotidiana del creyente. Porque hemos sido levantados con Cristo (ver Efesios 2:5-6) somos capacitados para vivir una vida nueva (ver Romanos 6:4). Ser «sepultados con él en su muerte» es una identificación tan profunda con Cristo que solo puede considerarse como una muerte a cualquier otra vida. Esta unión se realiza en una vida de santificación, una transformación que trae la vida del creyente cada vez más cerca de la conformidad a Cristo. Esta transformación es autorizada por la obra de Cristo en el corazón del creyente.

Tu búsqueda del carácter devoto es una invitación de Cristo para grabar todo aspecto de tu vida con su presencia: *esto* es transformación de carácter. El motivo para la invitación, «conocer a Cristo», resuena en los anhelos más profundos del corazón del pastor.

Una de mis experiencias más poderosas fue pararme brazo a brazo con miles de pastores mientras cantábamos estas palabras: «Conocerte a ti Jesús / no existe nada más grande / Tú eres mi todo, eres el mejor / tú eres mi alegría, mi rectitud / y te amo, Señor».[1] Esta canción, basada en Filipenses 3:10, capturó la esencia de lo que deseaban nuestros corazones, y esto es prioridad en Cristo que centra nuestra búsqueda del carácter devoto.

## Trabajar para la transformación interna

El carácter devoto no puede ser formado por el esfuerzo propio. La gente que no es cristiana puede desarrollar buen carácter a través de la decisión y la determinación, y aunque cualquier avance hacia el carácter virtuoso es encomiable, aquellos sin Cristo serán incapaces de desarrollar un carácter devoto; eso acontece solamente a través de la intimidad profunda con Cristo. El corazón tiene que ser transformado por el Espíritu. Conforme el corazón se transforma por la presencia de Cristo, una influencia correspondiente sobre las dimensiones externas del carácter se desarrolla.

Jesús fue el único individuo que obedeció por completo los mandamientos de amar a Dios y a otros, y su obediencia a estos mandamientos resultó en su carácter devoto. El fruto del Espíritu naturalmente fluía de la determinación de su corazón. El pastor sabio le dará la misma atención singular a amar a Dios y a otros, de este modo permite que Cristo produzca rasgos del carácter devoto en su vida.

Enfocarse en cambiar los comportamientos externos puede ser contraproducente porque la transformación de carácter es cuestión del corazón. Jesús reprendió a aquellos que se enfocaban en los aspectos externos del carácter: «Limpia primero por dentro el vaso y el plato, y así quedará limpio también por fuera» (Mateo 23:26). El carácter devoto no ignora las dimensiones externas del carácter, simplemente no comienza ahí. Comienza y se concentra en el corazón. La integración del Espíritu de Cristo con motivos internos y acciones externas conduce hacia el carácter devoto.

Salomón le dio voz a esta prioridad en Proverbios 4:23: «Por sobre todas las cosas cuida tu corazón, porque de él mana la vida» (NLT). O, como dice la *Nueva Versión Internacional*: «Por sobre todas las cosas cuida tu corazón, porque de él mana la vida». El carácter comienza en el origen de tu vida y nace de tu corazón. El corazón es el pozo que tiene que ser cuidado y protegido.

Existe un enemigo incesante que odia los corazones devotos. Considera lo que le pasó a Isaac cuando estaba siendo bendecido por Dios: «los filisteos habían cegado todos los pozos de agua que los siervos del padre de Isaac habían cavado» (Génesis 26:15). Tu enemigo espiritual busca como secar, llenar o detener a tu corazón para que la vida deje de fluir de él, pero a pocos pastores se les enseña estrategias para proteger a sus corazones.

Aunque el carácter devoto comienza en el corazón, tiene que moverse en una dirección especial: necesita una imagen detallada en la cual enfocarse. La mente necesita imágenes que el corazón pueda conservar. El carácter seguirá siendo teórico hasta que se defina en términos de la vida diaria. Afortunadamente, ¡Dios ha provisto esta imagen en la persona de Jesús! Describir el carácter devoto es equivalente a describir a Jesús. Una de las instantáneas más concisas del carácter de Dios se encuentra en Gálatas 5:22-23, el cual resume el fruto del Espíritu: «En cambio, el fruto del Espíritu es amor, alegría, paz, paciencia, amabilidad, bondad, fidelidad, humildad y dominio propio». Esta lista de nueve características es un fundamento exhaustivo para evaluar lo básico del carácter devoto.

Aunque el fruto y los dones del Espíritu están relacionados, la distinción tiene que mantenerse perfectamente clara. Los dones del Espíritu son herramientas dadas por Dios con la intención de edificar a las personas y expandir la obra de Dios. En la analogía del témpano de hielo del capítulo 4, los dones espirituales residen en la parte superior del témpano.[2] El fruto del Espíritu, por otra parte, está en la parte inferior del témpano y tiene que ser la prioridad del pastor eficaz. (Los líderes que se concentran en los dones del Espíritu en vez de en el fruto del Espíritu son como muchos niños el día de Navidad: Están tan enamorados de sus nuevos juguetes que su enfoque se vuelve egocéntrico. Se olvidan del dador y del resto de las personas en la casa. Su atención al regalo puede conducir a la desobediencia de papi y mami, a los gritos a los hermanos o al castigo).

Al igual que muchas realidades espirituales, existe una naturaleza en el carácter devoto comprobada por el fruto del Espíritu; no es contradictorio hablar de trabajar *con* la obra del Espíritu. El fruto del Espíritu es una obra de Dios, pero requiere acción de nuestra parte. La declaración más clara de esta sinergia viene de Pablo en Colosenses 1:29: «Con este fin trabajo y lucho fortalecido por el poder de Cristo que obra en mí». Hacemos nuestro esfuerzo para desarrollar estos rasgos de carácter, pero nuestra búsqueda es a través del poder del Espíritu, no a través del nuestro. El carácter devoto que resulta no es un producto de nuestro trabajo sino de la obra de Dios en nosotros. No obstante, sin la intención voluntaria de nuestra parte, el efecto no resultará. Nosotros izamos las velas, Dios crea el viento. Izar las velas le permite a Dios llenarlas, impulsándonos a ser formados con un carácter semejante al de Cristo que se manifiesta de nueve maneras principales:

## Amor

Los pastores efectivos demuestran un pozo profundo de amor en sus vidas. Pablo subrayó esta característica como la motivación esencial para la vida del ministerio. Sin ella, podemos hacer muchas cosas muy correctas pero por razones muy incorrectas. Sin amor, no somos nada (ver 1 Corintios 13:2-3).

Cada día tiene que ser una lección nueva para aprender como amar a un Dios que *no podemos* ver, a un miembro de la iglesia que *sí podemos* ver y a una persona perdida que *necesitamos* ver. Probablemente has escuchado el cliché cínico: «El ministerio sería excelente si no fuera por la gente». Este sentimiento revela el reto que confronta este tipo de amor. Es gracioso porque la prioridad de amar a la gente puede ser difícil, pero amar a la gente es un asunto serio: Es la motivación central del ministerio porque es la motivación de Dios.

El ministerio es un llamado intensivo de amor; si se hace bien, nos drena diariamente. Como resultado, muchos pastores terminan sintiéndose privados de amor. La única manera de contrarrestar este hambre es creando líneas de suministro de amor: aprendiendo a absorber el amor personal de Dios, desarrollando una relación de amor entre esposos, desarrollando amistades de amor, y regulando el paso del drenaje emocional: todos ayudan a mantener altos los niveles del amor sociable.

## Alegría

Una vez un profesor me desafió: «Vive de tal manera que tu vida requiera una explicación». Los pastores efectivos demuestran un atractivo espíritu de alegría que causa que el mundo quiera descubrir cuál es su secreto. Esta alegría resuena desde un lugar basado en la persona de Cristo, en vez de en el placer de la circunstancias.

Un niño sano se ríe frecuentemente. Él vive en un mundo de maravillas y deleite porque las cosas simples son espléndidas para su corazón joven. Los pastores efectivos trabajan duro para mantener una alegría de niño por los dones simples que les presenta Dios.

Jesús dijo que algo andaba mal con los niños que no bailan cuando se toca una flauta (ver Mateo 11:17). A algunos pastores se les envejece el corazón demasiado rápido. La flauta de Dios está sonando pero han perdido sus zapatos de baile. Los pastores que pueden bailar con alegría durante toda su vida son casi siempre efectivos.

Recuperar el asombro, rechazar la preocupación por las cosas insignificantes, regocijarse en las pequeñas victorias, redefinir la vida para ver todas las bendiciones, y reajustar la perspectiva para el futuro, profundizan el pozo de la alegría. Y si todos esos fracasan (como se le ocurrió a una persona), «aquel que aprende a reírse de sí mismo tiene una interminable fuente de alegría».

## Paz

Me fascina cuando los isleños del pacífico en nuestra iglesia saludan y parten diciendo «Aloha». Me dicen que me están deseando «paz, alegría y amor», y en esto tiene mucho en común con los cristianos del Nuevo Testamento; «La paz esté contigo» era el saludo común de la iglesia del primer siglo.

Los pastores efectivos traen «aloha» cuando llegan, y dejan «aloha» cuando parten. Están creciendo en la paz de Dios. Sus corazones y sus mentes están protegidos por la paz de Dios (ver Filipenses 4:6-7) y buscan la paz en sus relaciones con otros.

La paz es vivir en la certeza del cuidado y del control del Padre. El salmista estaba convencido de las dos cosas que tenía que saber para estar en paz, incluso cuando se sentía presionado: «Una cosa ha dicho Dios, y dos veces lo he escuchado: Que tú, oh Dios, eres poderoso; que tú Señor, eres todo amor» (Salmo 62:11-12). Si Dios es verdaderamente fuerte y verdaderamente cariñoso, entonces todo va a salir bien.

La paz producida por el Espíritu Santo resulta en vivir a un paso regulado por Dios, operando a la velocidad del Espíritu. Una imagen que puede ser útil aquí es la de los bueyes y el yugo, a la cual Jesús se refirió en Mateo 11. En el ministerio, me muevo junto al Espíritu. Si me mantengo al paso correcto entonces «mi yugo es suave y mi carga es liviana», pero si me adelanto o me quedo atrás, la presión del yugo se frota bruscamente contra mi cuello hasta que vuelva al paso establecido.

Los isleños del pacífico en nuestra iglesia arden por Dios a un paso relajado. Es una «urgencia tranquila» y me recuerda el paso al que Jesús probablemente se movía. Estoy impresionado de que Jesús nunca corrió para llegar a algún sitio rápidamente. Él nunca rentó una cuadriga para cumplir con más actividades en una semana. Él sabía que había suficiente tiempo en un solo día para lograr todo lo que el Padre quería que se hiciera, *solo* si caminaba al paso del Espíritu.

## Paciencia

La palabra griega para «paciencia» (*makrothumia*) puede traducirse como «calor largo», lo cual es una muy buena descripción de la persona que es lenta para enojarse. Tiene una amplia capacidad de aguante.

Daniel Goleman señala que una persona con inteligencia emocional baja es fácil y rápida para sumergirse en la inundación de sus propias emociones, pero una persona con inteligencia emocional alta es capaz de negarse a reaccionar a sus emociones.[3] En vez de montar en cólera, la persona da un paso hacia atrás y evalúa sus emociones antes de tomar acción. Aunque nunca debemos de olvidar que el fruto del Espíritu es una obra del Espíritu, la paciencia en particular es un rasgo del carácter que los pastores pueden «trabajar» para desarrollar.

La paciencia con miembros maleducados de la junta, críticos de los sermones, personal rebelde, líderes de adoración con grandes egos e incluso miembros descontentos de la familia se requieren en el ministerio, y se necesita paciencia inspirada por el Espíritu para evitar ser asaltados con emociones que encienden explosiones. Igual que muchas de las obras de Dios en nosotros, la paciencia es otro rostro de la fe. No es el resultado de la pasividad forzada e intencionada, sino que es la confianza de que Dios está involucrado y, con el tiempo, producirá los resultados. La paciencia es practicada por aquellos que no tienen que tener las cosas a su manera y a su tiempo.

## Amabilidad

Un rasgo que observo cuando contrato a personal de la iglesia es cómo tratan a los niños y a los ancianos. Si se arrodillan para llegar al nivel de la vista con un niño o con una bisabuela en una silla de ruedas, ellos exponen un fruto espiritual de gran valor. Es un acto de amabilidad colocarse a un nivel diferente al de uno.

La amabilidad es estar alerta a las oportunidades para contribuir a la alegría, la comodidad o las necesidades de otra persona. Es una sensibilidad que espera oportunidades para servir de maneras pequeñas.

Salí a comer recientemente con un predicador de otra ciudad que estaba de visita y él se comportó de una manera muy descortés con la mesera del restaurante, uno de los favoritos del personal de la iglesia. Me sentí demasiado avergonzado de orar por la comida porque temía que la gente se enterara de que éramos cristianos. La gente nos observaba y yo sabía que estaban evaluando todo a la luz de ese comportamiento descortés. La amabilidad es una forma de amor y Pablo nos dice que el amor «no se comporta con rudeza» (1 Corintios 13:5). Los pastores que no son corteses no son amables. Un pastor eficaz le da la bienvenida al escrutinio en que se encuentra y responde siendo un modelo de amabilidad.

Los pastores que les responden con amabilidad a sus críticos, a sus parejas, a los pobres, a los débiles, a los jóvenes, a los ancianos y a los no cristianos son pastores que manifiestan el Espíritu de Cristo.

## Bondad

El llamado y respuesta en nuestra iglesia es simple pero profundo. Digo, «¡Dios es bueno!» y la gente dice, «¡Siempre!» Entonces, por si acaso alguien no estaba poniendo atención o no entendió, digo, «¡Siempre!» y la gente dice, «¡Dios es bueno!».

El fruto espiritual de la bondad expresa que lo que el Antiguo Testamento repite varias veces: «Dios es bueno». Dios actúa hacia su creación solo de maneras que están llenas de amor, verdad, nobleza, sabiduría y beneficio. Ya que Dios es bueno, los seguidores devotos demuestran esa misma bondad.

Las personas espirituales reciben la bondad de Dios con gratitud y responden a Dios en alabanza por ella; el fruto de la bondad manifiesta una disposición y una apreciación positiva. Son «buscadores del bien», viendo lo bueno en la gente y en las situaciones. Tienen una manera de vivir que los mantienen atentos a la bondad de Dios.

La bondad ama aquello que es bueno o moralmente positivo. Pablo escribe, «Aborrezcan el mal; aférrense al bien» (Romanos 12:9). Una de las cualidades que Pablo da para los ancianos es que sean «amigo[s] del bien» (Tito 1:8). Los pastores que carecen de la bondad pueden disfrutar del mal sin que nadie los moleste mucho. Pueden disfrutar del entretenimiento o de chistes vulgares o de chismes inapropiados que deberían darle escalofríos a una conciencia sintonizada con el Espíritu.

La gente puede que diga: «Nuestro pastor es bueno con cualquier persona que conoce» porque la bondad funciona buscando lo mejor para aquellos a tu alrededor. Acciones bondadosas fluyen del pastor fortalecido por el Espíritu, y Pablo animaba tales acciones: «Por lo tanto, siempre que tengamos la oportunidad, hagamos bien a todos» (Gálatas 6:10).

## Fidelidad

Los líderes de adoración en nuestra iglesia nunca han llegado tarde ni han faltado a un servicio dominical durante los últimos 15 años de ministerio a pesar de que tocan música a veces hasta las 2:00 de la mañana con algunas de las mejores bandas de jazz en California. Tormentas, tráfico, resfríos y terremotos han fallado en evitar su determinación para estar presentes y guiarnos en adoración. Son personas espirituales que exponen el carácter de fidelidad.

El Espíritu Santo produce una resolución de carácter: la esencia de un pastor que es responsable, digno de confianza y persistente. La palabra hebrea para «fidelidad» significa *firmeza*, algo que no es fácilmente movido. Las circunstancias no influyen fácilmente en un pastor para no cumplir con sus compromisos; su palabra es firme y sus acciones respaldan sus promesas.

Un amigo mío trabajaba como guía de zona virgen para misiones de búsqueda y rescate, y me contó que el noventa por ciento de las veces, la razón por la cual se pierde una persona no es porque está en el camino equivocado, sino porque no camina lo suficiente por el camino correcto. Pablo estaba preocupado de que los gálatas se iban a perder caminando por la senda hacia la cosecha: «No nos cansemos de hacer el bien, porque a su debido tiempo cosecharemos si no nos damos por vencidos» (6:9). La fidelidad es la resistencia para continuar en la dirección correcta, negarse a darse por vencido, hasta que se realice una cosecha.

La fidelidad también se encuentra en las grietas de nuestras vidas, los lugares pequeños que creemos que están escondidos, que no tienen importancia y nadie los nota. La fidelidad es más que *no* tener una aventura amorosa; es sacar la basura para que tu pareja no lo tenga que hacer, o verdaderamente escuchar cuando nuestros niños nos hablan. La fidelidad se desarrolla de decisión en decisión, y la dedicación oculta nos coloca en la posición para obtener mayores bendiciones y responsabilidades.

Los pastores efectivos van más allá de las respuestas que son egocéntricas, rápidas y fáciles para poder buscar lo que es mejor para otros, incluso cuando les cueste. Eligen la obediencia por sobre la conveniencia. Hacen una prioridad los principios bajo los cuales viven en vez de los resultados por los cuales son aplaudidos.

## Gentileza

Isaías y Mateo describieron el ministerio de Jesús como tierno: «No acabará de romper la caña quebrada, ni apagará la mecha que apenas arde. Con fidelidad hará justicia» (Isaías 42:3; Mateo 12:20). Jesús no usó a las personas de forma cruel para pronunciar su misión; él con cuidado se ocupó de las debilidades de ellos. Él cultivó la pequeña luz que poseían sus vidas, caminando con cuidado para conservar a los débiles a su alrededor. Él era conocido por gritarle a los fariseos y hablarle con ternura a las prostitutas. La gentileza no significa suavidad, significa la respuesta correcta. Cuando el corazón está lleno con Cristo, siempre busca la respuesta correcta, no la motivada por la emoción.

Cuando Jesús entró a Jerusalén montado sobre un burro, él representaba la gentileza. Para poder oponerse a aquellos que oprimen a otros, él eligió a un burro. Si quieres ser gentil, no entres a una situación montado sobre el poder de tu oficio, montado en alto sobre tu caballo de orgullo personal o de agendas egoístas. Los pastores deberían de montar burros.

Tú no tienes que empujar a nadie para obtener lo que quieres. Cuando ves evidencia del fruto de la gentileza, no empujas tu agenda ni te promueves a ti mismo ni atacas a la gente para que se hagan las cosas de tu manera. Este fruto es fácilmente observado en la manera en que los pastores tratan a sus adversarios y a sus críticos. Pablo le dio al pastor Timoteo consejo claro y equilibrado para tratar con antagonistas: «Así, humildemente, debe corregir a los adversarios» (2 Timoteo 2:25). La gentileza ni consiente ni ataca. Es ternura apropiada mezclada con la verdad.

Exponer la gentileza en público no es usualmente tan difícil como lo es poseerla en privado. La manera en que un pastor habla con su personal, su pareja y sus hijos es la prueba verdadera de este fruto, porque los pastores pueden vivir con tanta frustración que aquellos cercanos a ellos tienen que sufrir con su mala actitud cuando las circunstancias los presionan demasiado. Cuando el carácter de Dios está trabajando profundamente, la evidencia llegará en la forma de una disposición gentil.

## Autocontrol

En una cultura que se enfoca en la autoindulgencia, el autocontrol es un rasgo difícil de desarrollar. A primera vista, parece una forma de negación un tanto negativa, matadora de alegría, al estilo de apretar los dientes y simplemente hacerlo. Solo dile no al postre, a ese nuevo palo de golf, al más reciente artilugio y dile sí al ejercicio que no tienes ganas de hacer, al miembro de la junta que no quieres llamar, a la limpieza que tu pareja quieres que hagas.

Los pastores efectivos entienden que el autocontrol es una manera de negar un impulso menor para poder alcanzar un bien mayor. El sacrificio es renunciar a algo que quieres por algo que quieres aun más. El autocontrol es una necesidad diaria para un pastor que va a cumplir con su potencial. Él entiende que la disciplina no es una decisión; es una realidad ineludible.

Durante su término como presidente de los Estados Unidos, Lyndon Johnson estaba un poco pasado de peso. Un día su esposa lo desafió con esta afirmación brusca: «No puedes controlar al país si no puedes controlarte a ti mismo». Reconociendo la observación de la señora Johnson, Lyndon Johnson perdió 10 kilogramos.

El autocontrol demuestra un carácter que se está transformando por una serie de prioridades. Mientras ocurre esta transformación en tu corazón, verás que lo que te atraía antes le da campo a atracciones nuevas y diferentes. Ceder al Espíritu te da la habilidad de alejarte de antiguas obsesiones y caminar hacia nuevos hábitos que son congruentes con un carácter devoto, sea pasarle de lejos al plato de postres, evitar el sitio de pornografía en el Internet o no quedarse sentado en el sofá viendo la televisión.

Es interesante que cuando vivimos vidas controladas por el Espíritu, el autocontrol nace: Decirle sí al Espíritu te autoriza a decirte no a ti mismo. Es una ironía del reino de Dios que el autocontrol se presenta al ceder el control. La entrega al Espíritu devuelve el poder para decir no, no solamente porque el Espíritu fortalece la voluntad, sino porque el carácter interior se transforma, y los deseos y las prioridades se renuevan.

Los pastores efectivos se niegan a depender de su propia voluntad y en su lugar le piden al Espíritu que le de poder al albedrío. La fortaleza proviene de rendirse. En esa fortaleza rendida, la imagen que presenta Salomón toma un significado nuevo: «Como ciudad sin defensa y sin murallas es quien no sabe dominarse» (Proverbios 25:28). Sin murallas, una ciudad está indefensa y será capturada por el enemigo, pero las murallas fuertes protegen a la ciudad para que aquellos que viven en ella puedan prosperar y aquellos fuera de ella puedan ser influenciados por sus recursos. Para el pastor con carácter devoto, el autocontrol es como la ciudad con murallas construida no por manos humanas sino por la obra de Dios.

* * *

Estos nueve rasgos del fruto del Espíritu son la evidencia de un carácter formándose en devoción, y la clave de la transformación del carácter interno es el enfoque en el Espíritu Santo. Es significativo que Dios usa el singular «fruto» en vez del plural «frutos». Estos rasgos de carácter son nueve aspectos del fruto del Espíritu. Mi objetivo no es trabajar en amar hoy, tener paciencia mañana, tener autocontrol el viernes. Mi búsqueda singular es estar lleno del Espíritu Santo cada día, cediéndome por completo al poder del Espíritu y caminar más firmemente con Cristo. Será entonces que reflejaré a Dios a través de mis actitudes y mis acciones.

Una vida de devoción le da atención a las raíces para que los resultados eficaces del ministerio sean desagüe natural y orgánico de transformación interna. Raíces profundas y sanas producen el tipo de árbol que dará fruto durante toda la vida.

> Como palmeras florecen los justos; como cedros del Líbano crecen. Plantados en la casa del Señor, florecen en los atrios de nuestro Dios. Aun en su vejez, darán fruto; siempre estarán vigorosos y lozanos, para proclamar «El Señor es justo; él es mi Roca, y en él no hay injusticia» (Salmo 92:12-15).

**Notas**
1. Graham Kendrick, «*Knowing You (All I Once Held Dear)*», ©1993 May Way Music (ASCAP) (Admin. por Integrity Music, Inc.). Todos los derechos reservados. Internacional copyright garantizado.
2. Kevin Mannoia, *The Interity Factor* Regent Collage Publishing, Vancouver, BC, 2006.
3. David Goleman, *Emotional Intelligence* Bantam Books, New York, 1997.

## FUNDAMENTOS EN LA HISTORIA DE LA IGLESIA

### JOHN WESLEY (1703-1791)

John Wesley enfatizó la fortaleza como el sello de la eficacia. Además de la *gracia* y el *fruto*, los *dones* eran un punto focal importante en los exámenes en que participaban los pastores metodistas anualmente.

Los *dones* tienen dos enfoques: la dotación natural y los talentos adquiridos. Wesley estaba principalmente interesado en las facultades mentales naturales y en la habilidad de un pastor para comunicar. ¿Puede el pastor pensar de manera lógica y puede predicar la Palabra de manera atractiva y agradable? Wesley creía además que un pastor eficaz tenía que tener un entendimiento claro de las doctrinas esenciales y ser capaz de explicarlas claramente.

**CARACTERÍSTICA 13**

# LA RESPONSABILIDAD PERSONAL:
*Invita y da la bienvenida
a la responsabilidad personal*

El paisaje estaba estéril y aburrido sobre la I-10, una carretera larga y recta que corta a través del invariable paisaje del oeste de Texas. Los niños estaban dormidos en el asiento de atrás y lo único que podía hacer yo era dejar que mi mente divagara. Hasta mis pies y manos parecían inútiles. Sobre una carretera tan recta, parecía una pérdida de tiempo tener que mantenerlos sobre el volante, inmóviles, manteniendo el carro hacia la misma dirección durante lo que parecía una eternidad.

Mientras observaba el horizonte, noté interrupciones regulares: lo que parecía ser un palillo de dientes alto clavado en la tierra, indistinto contra el cielo. Conforme nos íbamos acercando a algunos de ellos, me di cuenta de que eran torres altas, *muy* altas, tal vez de unos cuantos metros de ancho pero de cientos de metros de alto. Se veían borrosas contra el horizonte porque no eran agujas sólidas, sino marcos hechos de metal.

Después de examinarlas más de cerca, observé que prácticamente no tenían base. En vez de ensancharse en la parte de abajo para formar una base amplia, más bien se estrechaban. Era increíble y difícil de imaginar. ¿Cómo podía ser que algo tan alto y delgado, subiendo hacia el cielo y construido sobre una base minúscula, se mantuviera vertical... especialmente considerando los vientos del este de Texas? Desafiaba el sentido común.

Pero cuando observé con más cuidado, vi el componente más importante de las torres: Virtualmente invisible hasta que me acerqué, había un sistema de alambres que rodeaba cada torre. Sujetados a diferentes niveles a través del marco, los alambres se extendían hacia abajo y hacia fuera en un patrón extenso alrededor de la base.

Firmemente arraigados en la tierra, ellos creaban una red de apoyo para la aparentemente débil torre mientras esta alcanzaba la altitud necesaria para llevar a cabo su objetivo de transmitir señales. Cada alambre proveía tensión para que la torre no se cayera. La torre se mantenía firme frente a todo tipo de fuerzas naturales porque el sistema de alambres la mantenía vertical. Con solo que unos cuantos de los alambres fallaran, la torre quedaría vulnerable. Aunque la alta torre tenía una base tan pequeña, aquellos alambres eran un sistema de responsabilidad para que la torre pudiera llevar a cabo su trabajo.

## Reciprocidad

Los pastores efectivos tienen amigos cercanos con quienes comparten la vida. Son amigos quienes son rápidos en desafiar o en afirmar al pastor hacia el carácter devoto y la excelencia personal:

> Esta es una persona que tiene amigos... amigos íntimos que comparten la vida con él o ella con frecuencia. Hay un aire de respeto, de reciprocidad entre ellos. En este contexto, los amigos se sienten libres de desafiar al pastor de manera positiva y causar que él o ella aspire a una calidad más alta de vida. Son rápidos en escuchar y en afirmar o reprochar según lo demande el momento. Esto, por cierto, podría ser una de los aspectos en que la mayoría de los pastores y líderes cristianos fallan. No nos destacamos ni en la capacidad de enseñar ni en la humildad que hace posibles estas relaciones.[1]

El principio de reciprocidad encontrado en el reino es un principio importante para los pastores que constantemente se enfrentan con las fuerzas de una cultura y con un enemigo decidido a causar su caída. Las inclinaciones naturales del corazón humano junto con la atracción de una cultura no devota y las fuerzas del enemigo, crean un ambiente hostil y terrible para crecer alto y recto en cuanto a eficacia pastoral se refiere.

Solo, fortalecido en la pequeña base de su propia habilidad, un pastor virtualmente no tiene ninguna oportunidad de mantenerse invicto. Es solo cuando el pastor adopta la obra profunda y misteriosa de estar mutuamente sometido el uno con el otro, que una red de alambres de responsabilidad se puede establecer para mantenerlo recto y alto. Mientras más alto crezca en eficacia del ministerio, más fuerte y más evidente tiene que ser el sistema.

La reciprocidad requiere que tú reconozcas tu propia insuficiencia para mantener el equilibrio sin la ayuda de aquellas personas a tu alrededor. Demanda que tú adoptes un corazón de vulnerabilidad, lo que significa que te abras a ti mismo a las fuerzas estabilizadoras de otras personas dignas de confianza en tu vida. La reciprocidad no existirá donde la vulnerabilidad no está presente.

Es importante notar que la vulnerabilidad y la transparencia son diferentes, le enseñas a la gente algo acerca de ti mismo pero mantienes control sobre ello y realmente no pueden herirte. Muchos pastores aprenden a predicar con niveles más altos de transparencia cuando descubren que la gente lo prefiere, pero esa transparencia es más una manera de comunicarse mejor, que un verdadero acceso a sus vidas.

La vulnerabilidad, por otra parte, es darle a la gente acceso a ti mismo y también darles control de tal manera que, si ellos quieren, te pueden herir. No solo es la divulgación de información, es renunciar al control de esta información y dárselo a otra persona. La verdadera responsabilidad requiere vulnerabilidad, no solo transparencia.

La vulnerabilidad es algo motivado por un deseo profundo de *conocer*, conocer a Dios, conocerte a ti mismo y conocer a tu gente. Solamente puedes llegar a conocerlos hasta donde tú estés dispuesto a que ellos te conozcan.[2] Contempla el patrón de Jesús en Juan 10. Como el Buen Pastor, su deseo más profundo es que conozcamos su voz y lo sigamos. Con ese fin en mente, para que lo podamos conocer, Jesús, voluntariamente dio su vida por las ovejas: nosotros. El deseo de Dios de conocernos comenzó con una disposición a ser conocido. Dios voluntariamente se convirtió en uno de nosotros y continuó el gran acto de vulnerabilidad cuando nos dio la opción, el control, para rechazarlo. Lo cual hicimos. Pero sin ese primer paso de vulnerabilidad por parte de Dios, no tendríamos la habilidad para conocer a Dios. Es por la decisión que tomó él de ser vulnerable que tenemos la posibilidad de conocer a Dios.

En la reciprocidad, la pareja tiene que tener un acceso más profundo al témpano de hielo. Una verdadera red de responsabilidad tiene que ser con personas a las que se les permite ver al pastor como una persona integrada, cuyos comportamientos y cuya función son un flujo natural de identidad y carácter. En este sentido, la responsabilidad para los pastores no es muy diferente de la responsabilidad en cualquier discípulo de Cristo. La diferencia es que porque son líderes prominentes y representan un llamado a la vida santa, su torre es más alta y la red de responsabilidad tiene que estar más protegida. Este es el cargo del liderazgo.

## Rodilla a rodilla

Uno de los factores más importantes en el ministerio de John Wesley fue su énfasis en la responsabilidad para que los nuevos líderes se convirtieran en «cristianos clásicos». El movimiento metodista se desarrolló no tanto en las predicaciones de los Wesley, sino en el método «fuerte» de ordenar la vida para transformar mentes, emociones y comportamiento en un sistema sofisticado de responsabilidad llamado «clases». George Whitefield, un igualmente evangelista eficaz, mencionó una vez que al comparar el ministerio de Wesley con el suyo, los conversos de Whitefield eran como arena vertiéndose a través de su mano. Él vio el énfasis significativo en la transformación de la vida en aquellos que se habían convertido debido al ministerio de Wesley que solo llegaba por medio de la responsabilidad.

No hace mucho tiempo mi familia y yo visitamos la capilla Wesley en Londres. El deán de la capilla gentilmente nos abrió el museo para que lo disfrutáramos. Aunque habían muchas lecciones interesantes de la historia, una en particular se destacó. En una réplica de la sala de reuniones metodista, observamos que el montaje era familiar, con todos los bancos orientados hacia el púlpito. El predicador le enseñó a la gente lo que conocemos como la predicación. Para Wesley, esto era un tiempo importante de aprendizaje que requiría reflexión profunda al nivel cognoscitivo. Estamos bastante familiarizados con eso ya que la mayoría de las iglesias de hoy se construyen alrededor del púlpito.

Sin embargo, la genialidad de Wesley fue que se dio cuenta de que la verdad no es verdad hasta que se alise a martillazos sobre el yunque de la realidad; y eso requiere la transformación de los efectos (sentimientos) y la transformación del comportamiento (acciones). La trasformación que va más allá del dominio cognoscitivo no puede alcanzarse sin una comunidad en la que existe la responsabilidad. Sabiendo esto, Wesley mandó a construir bancos especiales para sus pequeñas clases. Cado uno de los bancos en la sala de reuniones se construyó con una bisagra en la base del respaldo. Durante cierto punto del servicio, después de escuchar la predicación de la Palabra, la gente se paraba e inclinaban el respaldo de cada banco de por medio en la dirección opuesta. Ahora, en vez de varias hileras de bancos, todos estaban orientados hacia el púlpito al frente, la sala se convertía en una serie de bancos uno frente al otro. La gente se volvía a sentar rodillas a rodillas, viéndose el uno al otro, para hacerse preguntas acerca de la condición de sus almas.

De esta manera, el aprendizaje cognoscitivo se integró en las vidas de tal forma que cuando salían, la gente aplicaba el evangelio transformador en los nuevos patrones de comportamiento de la vida diaria. Sabían que en pocos días volverían a estar rodilla a rodilla con alguien que no solo los estaba observando vivir sus vidas día a día, sino que también los haría responsables en su vida cristiana.

La mayoría de las denominaciones o grupos de iglesias han construido estructuras basadas en la necesidad de la responsabilidad. La intención es proveer sistemas regulares que ayuden a sembrar la responsabilidad personal en las vidas de los pastores y de otros líderes. Es fácil para los pastores jóvenes, idealistas y emprendedores ver estos sistemas como «aros por los que hay que pasar», sin embargo, fueron establecidos por buena razón. La responsabilidad estructural depende de la gente, no de las estructuras; el éxito de la estructura depende de la actitud con que la trabajas. (Y sinceramente, solo es igual de bueno como la gente que hace que funcione la estructura. Es fácil que la responsabilidad estructural se convierta en administrativa en su naturaleza, ocupándose solamente de la ejecución y de las cuestiones de la parte superior del témpano de hielo. Donde ocurre esto, señala un énfasis desalineado en la formación de la institución). No descartes la responsabilidad estructural de tu grupo o denominación rápidamente. Trae a ella una actitud humilde de reciprocidad que reconozca tu necesidad de la responsabilidad. Mantén la disposición a sentarte rodilla a rodilla con tus hermanos y hermanas en el ministerio y a contestar sinceramente a preguntas acerca de tu vida y prioridades.

Si tu denominación no tiene una estructura disponible, ¡construye una! Todo pastor tiene que encontrar algún foro, informal o formal, donde los principios de la reciprocidad que resultan en responsabilidad puedan florecer. Requiere un ambiente seguro y gente que sea digna de confianza. Debido a que la responsabilidad y la reciprocidad demandan vulnerabilidad, no son algo que fácilmente se le puede entregar a cualquiera. La inspección cuidadosa del carácter de otros te dará la seguridad de que puedes confiar en ellos con tu vida, ya que, de hecho, eso es exactamente lo que estás haciendo. Estás confiando en ellos para no caer.

## Fortaleza y vitaminas

La responsabilidad tiene varios propósitos. El más obvio es preventivo, pero también puede tener propósitos de recuperación y de desarrollo.

Casi siempre consideramos la función preventiva de la responsabilidad donde los «alambres» de otras personas sabias y dignas de confianza nos mantienen a salvo de caer bajo la presión del liderazgo. El conocimiento de que te vas a reunir con alguien que tiene permiso para hacerte preguntas y que puede ver dentro de tu vida, puede ayudar a mitigar la mala conducta. Cuando estás a punto de tomar una mala decisión, tal como hacer algo egoísta, gritarle a tu pareja, ver alguna película indebida o abrirle la puerta a una oportunidad sexual, los rostros de esas personas íntimas aparecen en tu mente, y por el bien de ellos, te detienes. Dices *no*. Presionas el freno. Esas personas en tu vida, con quienes te has hecho vulnerable y a quienes les has dado acceso a tu alma, te sostienen para no caer. (Por supuesto que los podrías manipular y podrías falsamente representarte a ti mismo, haciéndolos creer que estás bien mientras que todo el tiempo has sido hipócrita: al final la responsabilidad depende de tu corazón y actitud).

La responsabilidad es a menudo un remedio por algún fracaso que ya ha ocurrido. Tal vez luchaste con el pecado, pero fuiste descubierto a tiempo o tú mismo lo corregiste confesándolo en una etapa temprana. Bien hecho. Del deseo de prevenir su progreso y su fortalecimiento en tu vida, tú y aquellos a tu alrededor establecen un sistema correctivo de responsabilidad que es un intento de «hacer la torre vertical de nuevo». Esto casi siempre involucra enfoque y esfuerzo intenso que no es sostenible durante mucho tiempo. Puedes, por ejemplo, reunirte cada semana con dos pastores asignados por tu supervisor y llamarlos por teléfono cada día para reportarte y mantener tu corazón limpio. O puedes designar que personas cercanas a ti le echen un vistazo a tu horario cada hora para saber donde andas, o diariamente verificar que no estás involucrado de ninguna forma con el dinero, o confirmar que no te has enojado. Puede ser cualquier número de formatos, todos los cuales tienen la intención de arraigar en ti nuevos patrones de comportamiento que con el tiempo se convertirán en hábito. Acomodar de esta manera los comportamientos es otro método para reequilibrar tu patrón de tal forma que cambie tu naturaleza. La responsabilidad correctiva te ayuda a hacer eso.

Uno de los tipos de responsabilidad más útil es el desarrollo. A menudo ni siquiera se considera como tal, pero la responsabilidad no solamente es importante para protegerte contra el fracaso o para remediar un problema, sino también para encontrar tu propia plenitud.

La responsabilidad que solamente es correctiva o preventiva está basada en una mentalidad de fortaleza. Esto está bien, pero tiende a elevar el comportamiento negativo y a crear un motivo básico que se guía por el temor. Este temor es que si continúas caminando por cierto sendero, este te conducirá al final de tu pastorado. Debido al temor, estableces un sistema de responsabilidad para prevenir o corregir el comportamiento. No mal entiendas; esa reacción es muy importante. Dale la bienvenida a esa responsabilidad y úsala. Pero ten cuidado de que el temor básico que lo impulsa no capture tu corazón.

Construir tu vida y tu ministerio sobre una base de temor no invitará el cumplimiento que Dios quiere, y la mayoría del tiempo los compromisos que hacemos debido al temor no perduran. Nuestra naturaleza humana lo comienza a racionalizar en un esfuerzo por evitar el temor, y dentro de poco tiempo la motivación desaparece y el comportamiento preventivo o correctivo se detiene. Entonces, mientras que el temor puede ser una motivación sana para establecer relaciones de responsabilidad para la prevención y el remedio, debería de ir más allá de esos y lejos del temor como fundamento.

La responsabilidad que es de desarrollo es como una vitamina: anima el crecimiento y el acercamiento de lo que Dios desea para ti. No se motiva por miedo de lo que puede resultar si la corrección no se impone. Por el contrario, se motiva por un deseo profundo por *más*, el deseo profundo de ser un siervo eficaz de Dios en el liderazgo pastoral. Recuerda, el amor perfecto elimina el temor; el temor puede motivar comportamientos, pero el amor los mantiene.

La responsabilidad que es preventiva o correctiva necesita abrir paso a la responsabilidad de desarrollo, y entonces puede volverse integral para tu vida como líder. Definirá tus patrones, y el efecto de su presencia positiva en tu vida será un espíritu de reciprocidad basado en la vulnerabilidad. Sucesivamente, este modo de pensar se hará contagioso entre tu gente de tal manera que el principio de reciprocidad del reino comienza a caracterizarlos y ellos se convierten en una comunidad sana de personas tejiendo sus vidas juntas en Cristo.

## Ver el zapato completo

Hace unos cuantos años, tenía yo un grupo de 20 estudiantes universitarios sentados en mi sala. Una vez al mes venían a disfrutar de la vida lejos del recinto universitario. Jugábamos en el patio o nadábamos y luego cocinábamos en la parrilla, cerrando el día con una hora y media de conversación.

Durante esta conversación particular, le pregunté a uno de los muchachos si me podía prestar uno de sus zapatos. Al principio todos se rieron, pero el muchacho me dio el zapato porque sabía que a mí me gusta usar objetos improvisados para dar lecciones. Lance el zapato en el centro del cuarto y le pedí a tres personas que me dijeran algo acerca del zapato, limitando la descripción solamente a lo que podían ver.

El muchacho que solo podía ver la parte de atrás del zapato dijo que era un pedazo de cuero oval con una solapa que bajaba para formar un semicírculo. Tenía una base de hule pintada en dos tonos con las letras N, I, K y E escritas justo encima de ella.

La muchacha que podía ver el zapato de frente dijo que era un objeto largo compuesto de varios tipos de cuero con cordones de algodón que serpenteaban de un lado para otro en la parte superior. Se inclinaba hacia atrás con una solapa de hule color piel doblándose por sobre encima del borde del frente.

El muchacho que veía el zapato del otro lado dijo que un pedazo extraño de cuero cóncavo que era bajo al lado izquierdo y más alto al lado derecho, y el pedazo entero puesto encima de un hule de dos tonos. La parte de arriba se inclinaba gradualmente desde una de las orillas con cordones colgantes, y ondeaba en forma de taza y subía de nuevo hasta cierto punto al lado opuesto.

Les dije que desde mi perspectiva, era una forma un poco como la que había descrito el último muchacho, solo que no era cóncava sino que en realidad se sobresalía hacia mí un poco. Habían cordones que colgaban, pero no habían palabras, ni cordones cruzados, ni solapas de hule, y tenía el símbolo en color blanco de la marca Nike en el puro centro.

Cada uno de nosotros estaba viendo algo diferente acerca del zapato. Lo que una persona veía la otra no lo podía ver. Aunque esto es un excelente ejemplo de diversidad en el reino de Dios, también señala la necesidad de tener relaciones responsables con otros en quienes confías. Te darán perspectivas que te ayudarán a entender mejor la obra de Dios, la obra en que tú participas.

Mientras que reconozco que no estoy solo, aprendo a confiar en otros que tienen una perspectiva diferente a la mía. En esa confianza, acepto su aporte e influencia para que mi comprensión y la formación de mí mismo tome nuevas formas y dimensiones que de otra forma yo no hubiera visto. Esas personas sabias y dignas de confianza me ayudan a obtener plenitud, y de esta manera crezco. Pero todo esto no solo requiere que yo confíe en ellos, sino también que me haga disponible a ellos. Al final, la responsabilidad depende de mí y de mi disposición para participar con honestidad y vulnerabilidad.

## Fuentes para la responsabilidad

Existen varias fuentes para la responsabilidad. Cada una juega un papel diferente y juntas pueden ser efectivas en tu vida como líder.

La responsabilidad formal es casi siempre el tipo que existe en los sistemas estructurales de tu denominación o grupo de iglesias. Usualmente el proceso de ordenación u otros sistemas de redes pastorales permiten la responsabilidad formal. Aunque es menudo reducido a funciones administrativas y es fácilmente eludido a un nivel profundo, es una fuente de responsabilidad que puede ser útil y deberías de adoptarla como parte de tu ministerio.

La responsabilidad informal puede ser igual de poderosa, aunque no siempre reconocida. A mucha gente simplemente no le gusta la idea de codificar una relación o definirla y hacerla tan funcional, pero la responsabilidad puede existir de maneras informales si se lo permites. Tu propia posición como pastor es una forma de responsabilidad: tu entendimiento de lo que eso representa puede ser uno de los alambres más fuertes que te sostienen derecho. Esto, por supuesto, demanda que tú de manera continua te inviertas a ti mismo en el entendimiento de la naturaleza y del papel del liderazgo pastoral (y no debería de ser la única cosa de la que dependes).

Las expectativas de otras personas también son otra muy poderosa fuente de responsabilidad. Esto puede incluir la gente en tu iglesia, tus líderes y ciertamente tu pareja y tus hijos. Aunque las expectativas de otros no deberían de ser tu motivación principal, es sin embargo, una motivación importante.

La fuente de responsabilidad que es más a menudo pasado por alto es la voluntaria. Porque requiere labor y decisiones intencionales, las relaciones voluntarias a menudo caen presas de horarios llenos o a actividades en la iglesia, pero puede ser una de las fuentes más importantes de responsabilidad *porque es voluntaria*. Al escoger ser parte de un cierto tipo de grupo, tienes que hacer tiempo y espacio en tu propia perspectiva y estar dispuesto a conocer a otros para que puedas llegar a ser conocido. Ya sea un grupo pequeño de pastores o unas cuantas parejas que se juntan para cenar cada semana, todo ocurre por tu decisión y deseo de tener y dar responsabilidad. En esa reciprocidad, descubres el poder que tiene la responsabilidad para sostenerte y satisfacer tu vida y tu ministerio en la comunidad cristiana.

\* \* \*

Nos haremos superficiales y unidimensionales sin la responsabilidad, lo cual conducirá al ministerio ineficaz y muy posiblemente a la pérdida de propósito o a algún tipo de fracaso. En la obra del reino, no caminamos en aislamiento y no debemos de caer presa a la atracción de la independencia. Todo a nuestro alrededor nos empuja a hacer cosas sin ayuda y glorifica la independencia, pero nosotros le servimos a un Amo diferente y participamos de una economía diferente. Elijamos el cumplimiento y la eficacia que provienen solamente de la reciprocidad de la responsabilidad para guiar al pueblo de Dios.

**Notas**
1. Gordon MacDonald, comentarios acerca de *15 Características de los pastores efectivos*.
2. Parker Palmer discute el proceso dinámico del conocimiento en su libro *To Know as We Are Known,* HarperSanFrancisco, New York, 1993.

## FUNDAMENTOS BÍBLICOS

### ÉXODO 4

Pocos pastores reflexionan acerca de su papel sin pensar acerca de Moisés y la manera en que el guió al pueblo de Dios a través de circunstancias difíciles. Aunque su capacidad para ser eficaz en el liderazgo comenzó con su educación real, el progreso del alma de Moisés y su identidad como persona de Dios se ve más claramente en su experiencia con la zarza ardiente.

Cuando Dios lo llamó desde el centro de las llamas, Moisés se sintió inepto y no preparado para el futuro. Pero Dios no añadió ni equipo, ni habilidad, ni dispensación nueva: Él usó lo que Moisés ya tenía, incluyendo su debilidad como orador y su experiencia de más de 40 años como pastor. Cuando los dones ordinarios, los fracasos y las experiencias que poseía Moisés fueron finalmente rendidos a Dios, se convirtieron en herramientas extraordinarias. La mayor obra en la zarza no fue la varilla convirtiéndose en una serpiente, sino la autorización de un corazón obediente y de una vida de entrega. Los pastores efectivos reconocen que lo que ya tienen, cuando se rinde al llamado de Dios, es útil para sus propósitos.

## CARACTERÍSTICA 14

# EL MATRIMONIO FUERTE:
*Posee un matrimonio estable con una consideración clara y cariñosa hacia la pareja*

Mi esposa fue la primera en hablar mientras nos alejábamos de la casa pastoral. «A esa pareja se le va a hacer difícil permanecer en el ministerio por mucho tiempo». Habíamos pasado un tiempo considerable en el hogar de una de nuestras parejas pastorales que eran relativamente nuevas en el ministerio. Como siempre, tratamos de invertir tiempo para ayudar a estabilizar y bendecir las parejas bajo nuestro cuidado.

Mark y Brittany eran graduados recientes del seminario y estaban emocionados acerca del ministerio. Mark estaba lleno del idealismo usual de que este era su destino, que en realidad podía alcanzar a gente con el evangelio, que él podía cambiar al mundo para Cristo. Celebramos su llegada al equipo pastoral.

El tiempo que pasamos en su hogar recién creado, sin embargo, causó que nosotros dos tuviéramos dudas. Mi esposa, quien a menudo capta los matices antes que yo, se sintió preocupada por las fisuras ligeras en lo que públicamente parecía ser un matrimonio y equipo fuerte.

«¿Notaste cuántas veces ella le restó autoridad a Mark con un intento indirecto al humor a costa de él? ¿Y las veces que él la descartó a ella como irrelevante?» No eran exactamente luces rojas deslumbrantes que señalaban un pecado atroz pero era lo suficiente para justificar algunas preguntas.

Mi esposa en particular observó que era bastante claro que Brittany no apoyaba el llamado de Mark al ministerio. Ella lo veía como una manera de proveer económicamente para la familia. El hecho de que estaban iniciando en una iglesia pequeña con un salario mínimo estimuló el cinismo en ella.

La intuición de mi esposa resultó exacta. Con el tiempo, los hábitos de Mark y Brittany comenzaron a ser del dominio público. Los comentarios ya estaban en las conversaciones públicas, algunos incluso hechos durante los servicios congregacionales, algunos hechos desde el púlpito a costa de Brittany, como parte del sermón para servir como ilustraciones:

«No pude ir al retiro de hombres el mes pasado porque no podía dejar a mi esposa sola con la tarjeta de crédito».

«Ustedes saben, él nunca fue un buen estudiante. Yo tuve que hacer mucha de la investigación por él».

Estos eran comentarios inofensivos que fácilmente se podían descartar como una pareja joven tratando de «ser reales» con la gente... ¿o no lo eran?

En cuestión de tres años, Mark y Brittany luchaban abiertamente con las expectativas no cumplidas que cada uno de ellos tenía para la iglesia. Las expectativas de ella no se cumplieron y la culpabilidad de Mark fue su falta de autoridad. Las expectativas de él y la razón eran las demandas de Brittany de que pasara más tiempo en casa. Dejaron el ministerio pastoral y ahora son dueños de un restaurante en otra ciudad.

Las buenas noticias son que el matrimonio no ha fracasado. Las malas noticias son que no era lo suficiente sano ni estaba suficientemente desarrollado para soportar el tipo de presión que demanda el ministerio. El matrimonio no era una influencia fortificadora en su ministerio. ¿Es esto común? Sí. ¿Es evitable? Tenlo por seguro.

Obviamente no todos los pastores están casados. Puede que sea tentador para ti, si no estás casado, descartar esta característica como irrelevante para tu caso. No hagas eso por favor. Aunque seas un pastor soltero y no estés particularmente interesado en entender la importancia de un matrimonio fuerte para el ministerio pastoral, continúa leyendo y participa en los principios subyacentes que son aplicables a cualquier relación íntima que tengas, como por ejemplo con un amigo cercano quien camina contigo en tu viaje de formación de la fe, o con alguien con quien estás desarrollando una relación cercana que puede estarse dirigiendo hacia el matrimonio. Esta característica es importante para cada uno de nosotros, casados o no, ya que nuestras vidas nunca se viven en aislamiento y las verdades pueden apropiarse hasta cierto nivel en cualquier relación de la cual sacamos sustento para nuestra salud personal.

## Primera parada para la vida del reino

Los pastores efectivos hacen una prioridad del desarrollo de un matrimonio que tiene una vida fuera del ministerio, mas a la vez lo fortalece. El pastor aprecia, afirma y representa a su pareja de igual manera en privado como en público.

El matrimonio es la primera institución creada por Dios donde los principios del reino se manifiestan. En estas relaciones íntimas, los principios del reino son el cimiento. A veces un matrimonio es un ejemplo sano y claro de principios del reino reflexivos de la comunidad y la reciprocidad cristiana. En otras ocasiones, estos principios no son evidentes y el matrimonio se convierte en un arreglo contractual formado a la imagen de un contemporáneo, y en gran parte secular, patrón de matrimonio que fácilmente fracasa.

Para un pastor, es imperativo que los principios del reino se entiendan claramente. ¿Cómo puede una persona, después de todo, desarrollar algo que él o ella no entiende? Tú eres llamado para trabajar en el negocio de desarrollar el reino. Si tú esperas algún día ser eficaz, entender los principios y la economía del reino de Dios es esencial.

Debido a que el matrimonio encuentra su fuente en Dios y no en las autoridades civiles, y es el lugar donde los principios del Reino deberían de verse mejor, un pastor eficaz tiene que dar testimonio de un matrimonio fuerte, no como una fórmula preceptiva para asegurarse de un buen ministerio, sino como evidencia preceptiva de que él entiende el reino y vive sus principios de manera sana al nivel más obvio y básico.

Hacer una prioridad de la salud de tu matrimonio se traduce a una iglesia sana. Obviamente existen otros factores que afectan la salud general de la iglesia, pero sin un matrimonio saludable es casi seguro que la salud en la congregación te eludirá. Es la estructura preservante que permite perdurar en las tensiones del ministerio.

A menudo el matrimonio es el primer lugar donde la presión del ministerio se siente. Imagínate, con el propósito de hacer un punto, que nosotros mismos nos comportamos en diferentes niveles de relaciones en el ministerio. Al nivel básico está nuestra relación con Dios. De ahí, desarrollamos una relación con nuestra pareja. De esa abundancia, desarrollamos relaciones con nuestros hijos. De la seguridad de nuestra familia, ministramos en relaciones con la gente en nuestra iglesia.

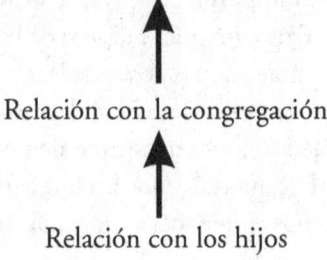

# Característica 14

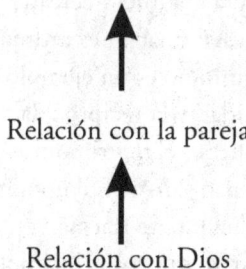

Relación con la pareja

Relación con Dios

Las dificultades relacionales en la vida del pastor son a menudo evidencia de problemas a un nivel más profundo. Es común descubrir que las inexplicables dificultades en las relaciones se originan en la frustración, ansiedad o presión en el hogar. Cuando ocurren rupturas relacionales con los hijos, puede usualmente ser remontado a un problema en la relación con la pareja. Y, como tú sin duda has observado, un matrimonio agobiante es con frecuencia el primer lugar donde una relación mal desarrollada con Dios encuentra expresión.

¿Significa esto que si estás teniendo dificultades en tu iglesia entonces debe ser que tienes un matrimonio disfuncional o que no tienes una relación sana con Dios? No, no necesariamente. Existen muchos factores que afectan la eficacia del liderazgo. Pero si no hay un matrimonio saludable que es fuerte, vibrante y creciente, tu ministerio sin duda tendrá dificultades o será destruido.

Un matrimonio roto es lo que Charles Ridley llama un «factor que noquea» para aquellos que participan en el ministerio cristiano.[1] Billy Graham testifica sobre la importancia del matrimonio al describir su propia relación con su esposa. Declara que él y su esposa, Ruth, estudian el mismo libro de la Biblia incluso cuando uno de ellos está de viaje. Hablan por teléfono casi a diario y comparten el uno con el otro lo que han aprendido del estudio bíblico. Bob Russell, de la *Southeast Christian Church*, por igual, hace claro la prioridad del matrimonio y la familia con respecto al ministerio: «No descuides a tu familia. Pon tu matrimonio antes que el ministerio».

No se puede exagerar la importancia de un matrimonio fuerte para aquellos en el ministerio pastoral. Existe un gran número de libros y recursos designados específicamente para esta dimensión especial de la vida del pastor. Puede ser que estés leyendo esto porque sientes la necesidad de encontrar ayuda para tu papel vacilante como pastor. Puede ser que en este momento preciso estés buscando alguna dirección, así que ofrecemos algunos hechos básicos y asideros para orientarte y para que por lo menos comiences a ver el matrimonio como un elemento vital de tu llamado al ministerio.

Tal vez el factor más importante que hay que entender es que tu matrimonio no se centra alrededor de tu llamado o de tu papel como pastor. Aunque es separado, tiene una influencia y un efecto inextricable en tu cargo. Tu matrimonio es primero un regalo del amor de Dios para ti y para tu pareja; si se construye sobre las expectativas del ministerio o las actividades del pastorado, un matrimonio está condenado decaer o a fracasar.

Invierte en tu matrimonio aparte de tu iglesia. Ningún ministerio vale el fracaso de tu matrimonio. Si es necesario, renuncia a tu posición en la iglesia y deja el ministerio pastoral para poder desarrollar un pacto fuerte y vibrante con tu pareja. Por mucho tiempo, la iglesia institucional ha exigido una mentalidad de «todo o nada» que hace a las familias y a las parejas sentirse culpables si todo, incluyendo el matrimonio, no está sobre el altar de sacrificio por el bien del ministerio. Escucha lo siguiente claramente: *Tu matrimonio está en primer lugar antes del ministerio*.

## El triángulo de amor

Un matrimonio estable y sano se desarrolla alrededor de lo que se puede llamar el Triángulo de amor. Para no ser confundido con las relaciones disfuncionales que a menudo vemos en las películas, este triángulo procede del llamado bíblico de amar a Dios con todo tu corazón, mente y fuerza.

Tu *corazón* representa la intimidad y las emociones que le das a otro. Si un matrimonio amoroso es una reflexión de los principios del reino, entonces el patrón de tu amor a Dios debería de ser evidente en tu amor hacia tu pareja. En el ministerio pastoral, a menudo es fácil convertir a tu iglesia en tu señora o pretendiente. Puede que les des a otros en tu iglesia la energía emocional y el enfoque que le pertenece solamente a tu pareja. Esto no es la intención de Dios, y conducirá no solamente hacia la ineficacia pastoral sino que también hacia problemas matrimoniales crónicos.

Amar con tu *mente* representa la realidad de que el amor es un acto de la voluntad que requiere un compromiso de tu parte no solo para establecer el amor sino también para mantenerlo y desarrollarlo. Dar por sentado tu matrimonio puede ser una de las amenazas más insidiosas para la vitalidad entre los pastores. El amor requiere una decisión diaria para desarrollarlo y fortalecerlo.

La *fortaleza* trae al enfoque la motivación que se estimula por tu pasión. Con frecuencia mezclada con los elementos viscerales de nuestra humanidad, la pasión puede convertirse en una fuerza pícara si no se controla y se dirige con cuidado. Para un pastor continuamente vinculado a otros porque siente pasión por sus almas y por su bienestar, la fortaleza de la pasión puede capturarse por las grandes necesidades de la comunidad o de la congregación, o por individuos particulares que responden y reafirman la inversión del pastor.

Protégete a ti mismo para asegurarte de que el amor que le corresponde a tu pareja, la intimidad, el compromiso y la pasión, de hecho se dirija a él o a ella y no se dirija mal o sea desviada por las demandas del ministerio pastoral.[2]

## Mitos del matrimonio

Para los pastores, un matrimonio en decadencia puede representar una pena o vergüenza que es demasiado fuerte para compartir con alguien. Tal vez tú estás luchando con esta propia cuestión y lo has mantenido privado por muchos años. Dejar que tales factores continúen sin darse a conocer solo los empeorará y minará más tu llamado. Por favor no caigas presa de los mitos acerca de tal condición, como:

1. *Hay una puerta trasera para escapar.* Contrario a las estadísticas crecientes alrededor del país y del mundo, el divorcio o la separación no es una solución que debería de encontrarse en las mentes de aquellos llamados a guiar en la iglesia. Mientras que existen motivos para tal acción, menos del cincuenta por ciento de los matrimonios rotos en la iglesia hoy calificarían. El momento en que te rindes al mito de que existe una puerta trasera para escapar, el fracaso está asegurado.

2. *El matrimonio es para hacerme feliz.* Mientras que es cierto que el matrimonio puede ser una fuente de gran felicidad, no es el motivo principal para casarse. El corazón de ese mito es el yo, y desarrollar una relación alrededor de motivaciones falsas no es un patrón del reino.

3. *Mi matrimonio debería de servirle a mi ministerio.* Subscribirse a tal mito puede sonar noble, espiritual y expiatorio, pero la premisa está equivocada y los resultados casi siempre serán el resentimiento, la amargura y algún tipo de fracaso. Causará o una ruptura en el matrimonio, pérdida de salud en relación a los hijos, o resentimiento en ti, tu pareja y/o tus hijos. Esta ecuación no es la intención de Dios para ti. Tu matrimonio es tu primera responsabilidad. Cuidar bien de él le demuestra a Dios que eres digno de ser encomendado con unos cuantos seguidores de Cristo quienes te pueden considerar su pastor.

4. *Si ignoro las dificultades, desaparecerán.* No hace ni falta decir que tal actitud arrogante solo resultará en infección, enfermedad y destrucción. Este mito es igual de cierto en tu matrimonio y en cualquier cuestión de liderazgo que enfrentes en tu congregación. Si lo ignoras, te hará daño a ti, a la iglesia y tal vez a muchas víctimas inocentes. Es un doctor irresponsable el que ignora las señales de una enfermedad, asumiendo que al final desaparecerán si se dejan sin tratar. Asimismo, es un pastor irresponsable el que cae presa del mito de que ignorar o distraerse por el trabajo del ministerio logrará que la ruptura en el matrimonio se arregle por sí sola.

## Facetas del matrimonio

Tu matrimonio es como un diamante. Cuando se encuentra, es áspero pero intrínsicamente valioso. Después del descubrimiento, el diamante se coloca en las manos de personas que invierten para hacerlo brillar, para darle valor precioso, para convertirlo en un símbolo de «por siempre». Esto es un proceso y toma tiempo y esfuerzo intencional. Despacio pero intencionalmente, y a menudo con alguna fricción y afilamiento, se pule el diamante, una faceta tras otra. El resultado es un diamante con múltiples facetas que permiten que la luz sea capturada y refractada de tal manera que destella con el fuego de completitud y aumenta en valor.

## Característica 14

Conforme inviertes en tu matrimonio, recuerda las múltiples facetas que deben ser pulidas con cuidado pero intencionalmente para traer el fuego de la pureza y el potencial completo de la gema que es. Considera estas diferentes facetas que al juntarse permiten que se vea la belleza.

1. *El matrimonio es una relación de autoentrega con otra persona.* El principio de sumisión mutua se practica y se pule a través de la intención y la acción diaria. La sumisión mutua no es un método por el cual se cumpla tu propia agenda. Ni siquiera es un método por el cual alcanzas una espiritualidad más profunda. La sumisión, tanto del esposo como de la esposa, es un flujo natural de amor profundo que refleja el amor de Cristo por la iglesia. Tal amor naturalmente se rinde. Vierte el yo y las agendas egoístas como una expresión de amor y de edificación para el otro.

2. *Los papeles dentro del matrimonio se pueden convertir en un obstáculo mientras que un pastor y su pareja chocan en las expectativas que tiene el uno para el otro.* Cualquier papel de género que elijas, sea igualitario o complementario, debería de reflejar los principios de la sumisión mutua. Existen abundantes recursos para explicar las dinámicas de estos papeles y para examinar los fundamentos teológicos de cada uno. Sea que te adhieras al modelo de matrimonio más tradicional donde el hombre es la «cabeza» (complementario) o donde ambas personas son igual (igualitario) no es de importancia. En cualquiera de los casos, la claridad y el compromiso a las expectativas mutuas es necesario.

3. *La permanencia es el cimiento del compromiso voluntario.* Esta es la fuente de seguridad y el fundamento de la vulnerabilidad. Donde existe la confianza en la permanencia del matrimonio, se hace posible una vida de vulnerabilidad. La naturaleza humana no permitiría la vulnerabilidad profunda si existiera alguna posibilidad de que el matrimonio no fuera permanente. Si el esposo o la esposa considera que el divorcio es una opción, la vulnerabilidad completa los eludirá. ¡Nadie quiere una «ex-pareja» cargando el conocimiento más profundo y más íntimo de su alma! Sin un compromiso proporcional para proteger y sostenerse el uno al otro permanentemente, la verdadera intimidad no puede cultivarse.

4. *La comunicación es como la radio: Tú puedes estar transmitiendo, pero si tu mensaje no es recibido, no ha ocurrido.* La clave para la comunicación está en lo que se escucha, no en lo se dice. Cuando la comunicación disminuye o cesa, el vehículo necesario para viajar juntos en una relación creciente se elimina.

5. *La plenitud es un ambos/y un factor.* Tú estás completo de ambas maneras: como individuo y como pareja. Por otra parte, tú y tu pareja son individuos completos creados por Dios, así que la unión entre ustedes debería de ser completa. ¿De qué manera podemos entender este acoplamiento entre individualidad y unión? Es un misterio tan grande como la unidad de diversidad en la propia Trinidad, pero es la fuente dadora de vida de tu matrimonio.

6. *La declaración es una faceta elusiva que es fácilmente pasada por alto.* En algún punto, tú y tu pareja tienen que vivir con la declaración inequívoca de que son uno en este pacto. Cuando te casas primero, esa declaración puede requerir que te acuerdes de ella a diario mientras te acostumbras a la idea. En medio de tu alegría estimulante, puede ser que en ocasiones tengas que pellizcarte a ti mismo para asegurarte de que no es un sueño. Después, sin embargo, se convierte en un supuesto silencioso más omnipresente en tu carácter personal: ustedes dos son uno en matrimonio. Esa declaración diaria en palabras, actos y convicción profunda es otra ancla que sostiene entre las fluctuaciones del liderazgo en la iglesia.

7. *Centrado en Cristo.* Ni debería ser necesario decirlo, pero tu matrimonio debe desarrollarse alrededor de la faceta central de Cristo, quien es la tercera persona en tu pacto. Esto tiene que ser más que una rápida, trillada y falsa alabanza. En todo sentido, Jesucristo en el corazón de tu matrimonio lo asegurará sobre un fundamento que emanará salud, plenitud, bondad y amor.

Este diamante es valioso. No solo vale la pena guardarlo, sino que también vale la pena limpiarlo y pulirlo. La negligencia no bastará. Darlo por sentado finalmente conducirá a un brillo que se apaga y a la ruptura. Cuídalo, púlelo y colócalo en el nivel más alto posible de importancia en tu vida. Ningún ministerio vale el fin de un matrimonio o la ruptura de un hogar. Incluso aunque tengas que dejar tu posición en el ministerio para protegerla, esa es una mejor opción que proteger tu ministerio al costo de tu matrimonio.

Habrá oportunidades abundantes para permitir que contaminantes interrumpan tus esfuerzos «abrillantadores». Puede haber personas en tu congregación o comunidad que tratan de atraerte a una relación inapropiada. Puede haber circunstancias donde serás probado en mantener tus intenciones puras y singulares hacia tu pareja. Hasta tu uso de la computadora puede invadir la santidad de tu matrimonio. Protégete contra esas amenazas.

Jenkins sugiere construir «barreras que protejan» tu matrimonio cuando este se encuentra bajo asalto.[3] Si tu computadora causa una tentación, muévela a un lugar público de la casa o desconéctate del Internet. Si viajar abre las puertas de las trampas, establece reglas para tus comidas, llamadas a casa y planes de transporte. Si tu oficina crea demasiadas oportunidades para mal entendidos, remodélala. Construye barreras fuertes que mantendrán fuera las trampas de la distracción y mantendrá cerca los patrones de invertir en la joya más valiosa que jamás tendrás: tu matrimonio.

\* \* \*

Recuerda, tu matrimonio tiene la prioridad. Sin duda, como pastor pasarás mucho tiempo en cuestiones pastorales. Puede ser que en realidad pases más tiempo haciendo el trabajo de un pastor que lo que pasas invirtiendo en tu matrimonio, pero la cantidad de tiempo nunca debería de convertirse en una substituto de la prioridad de tu corazón. La persona que te ha dado Dios es un regalo. No solamente es capaz él o ella de apoyarte y afirmarte en tus obras personales sino que también te puede guiar y aconsejar en tu llamado. Generalmente, sin embargo, a través de la participación en el pacto que ambos han hecho ante Dios, tu pareja caminará contigo para encontrar la plenitud, el carácter y la unidad a la que Dios te ha invitado en su reino.

**Notas**

1. Charles Ridley condujo una investigación acerca de las dimensiones para exitosos plantadores de iglesias en el *Fuller Seminary*. La cooperación de la pareja se encontró entre los cinco factores que él determinó eran más importantes para la eficacia. Sin esta cooperación, una persona no debería de ser desplegado bajo ninguna circunstancia a pesar de la fuerza de las otras dimensiones de comportamiento, de ahí el término «factor que noquea» para indicar que solamente esta dimensión podría descalificar a alguien de ser desplegado.
2. Jerry Jenkins y John Perrodin, *Hedges: Living Your Marriage Enough to Protect It* Crossway Books, Wheaton, IL, 2005. Jenkins identifica las señales de advertencia de amor mal dirigido y las señales para establecer fronteras que señalarán una necesidad de atención y redirección.
3. Ibid.

## FUNDAMENTOS EN LA HISTORIA DE LA IGLESIA

## JOHN WESLEY (1703-1791)

John Wesley enfatizaba el otorgamiento de poderes como el sello de la eficacia. Aparte de la *gracia* y los *dones*, una evaluación del *fruto* del pastor formaba parte del proceso de revisión metodista anual.

El *fruto* provee una medida práctica de las primeras dos categorías, el resultado observable de la gracia y los dones. Para Wesley, el fruto no se medía principalmente por números sino por impacto. ¿Ha ayudado el pastor para que los individuos obtengan un sentido claro y duradero del amor de Dios? ¿Ha sido el pastor un instrumento de la gracia de Dios en las vidas de otros? En el desarrollo a pastores, Wesley hizo preguntas directas y mordaces para asegurar la eficacia, indicativo de la seriedad con la que él trataba al oficio.

Wesley hábilmente balanceó la prioridad en carácter y competencia, en espiritualidad y aspectos prácticos, en oración y trabajo, y en cuidado y liderazgo. El énfasis que dio Wesley a los pastores quienes eran tanto espirituales como hábiles fue una de las razones por la cual se extendió el metodismo.

## Característica 15

# EL LIDERAZGO VISIONARIO:
*Posee una habilidad para comunicar
la visión y motivar a otros hacia ella*

Antes yo luchaba con la miopía. Podía ver los objetos cerca de mí bien, pero a la distancia las cosas se veían borrosas. Podía leer fácilmente pero no podía conducir sin la ayuda de lentes de contacto. Eso fue hasta la llegada de la corrección visual por láser.

El anuncio de la cirugía por láser que llamó mi atención fue «¡Los dos ojos por el precio de uno!» (Eso debió haber sido mi primera pista: No te dejes guiar por un descuento si lo que quieres comprar es un par de ojos nuevos). Decidí proceder con la cirugía y me dijeron que fuera paciente durante un par de semanas porque pronto estaría viendo 20/20. Tres semanas después veía peor que nunca. No podía leer y tampoco conducir.

Fue entonces que leí que la compañía que me había operado los ojos estaba a punto de la bancarrota. Regresé pronto a la oficina demandando ayuda. La compañía se negaba a reembolsarme el dinero pero sí ofrecieron rehacer la cirugía. Eso fue un verdadero dilema. Para bien o para mal dije, «hagámoslo». Afortunadamente, la segunda cirugía resultó increíblemente bien. Ahora sí tengo una visión 20/20.

Algunos pastores ven muy bien de cerca. Hacen mucho con su miopía: pueden leer y explicar sus libros de teología, aconsejar a la gente, crear un buen ambiente; pero no pueden ver a la distancia. Cuando alguien pregunta, no pueden decidir lo que quieren construir. Tiene dificultades reuniendo a la gente hacia una dirección particular. Sus calendarios en las iglesias consisten de una serie de puntos en la página que, cuando son conectados, solo resultan en confusión.

A este tipo de pastor se le hace difícil ser eficaz. Puede ser que un domingo presente una copia de plano para una nave del evangelio, el próximo un plan para una catedral y después uno para un hospital. No hay nada malo con ninguna de estas ideas, pero la falta de una visión consistente y cohesiva deja a los oyentes inseguros. Los miembros de la congregación saben que tienen que martillar un clavo, pero no están seguros de porqué o para qué. Este tipo de iglesia lucha en atraer a nuevos buscadores. Son como el restaurante mejicano-chino-italiano cerca de mi casa: Siempre está vacío. El lugar no sabe qué es lo que cocina mejor.

Los pastores efectivos practican escuchar a Dios y colaborar con la gente para descubrir una visión para su iglesia. Articulan esta visión en público y en entornos personales de manera que influyen a la gente a ayudar a hacerla realidad.

En las 15 características más importantes, solo hay dos características que están basadas significativamente en habilidad: la predicación y reparto de visión. Es obvio que ninguna de estas características debería de depender completamente de una habilidad, pero debido a que estas dos son tan públicas en la iglesia y están tan orientadas hacia la acción, pueden perfeccionarse y desarrollarse como una habilidad a un grado más alto que otros.

Sin embargo, tenemos que tener mucho cuidado con esto. En muchos sentidos, el deseo de tener una iglesia sana es por sí mismo una visión, y eso hace fácil caer en principios de liderazgo que podrían aplicar por igual a cualquier otra organización, sagrada o secular. Ten cuidado de no igualar el liderazgo visionario con elegantes principios organizacionales que no son poco más que experiencia directiva, porque en la iglesia, esta característica requiere un tejido delicado entre el Espíritu Santo formando el cuerpo de Cristo y la influencia de un líder sobre la gente y la organización. Demasiada dependencia en el primero resulta en el síndrome «apiñamiento santo». Demasiado del último, resulta en una iglesia que no es mejor que una franquicia con una cuota de mercado creciente.

Existen tres componentes esenciales del liderazgo visionario: tener una visión, comunicar una visión y motivar hacia una visión. Tener una visión involucra ser un receptor listo, así como el medio por el cual la visión se enfoca. Comunicar una visión trata con la manera en que la visión se comparte entre la gente. Motivar hacia una visión involucra la manera en que la gente es inspirada en unidad para moverse a llevar a cabo esa visión.

## Tener una visión

Una visión puede definirse como *una imagen clara de un futuro preferido que vale la pena desarrollar*. Pero esto provoca preguntas importantes. ¿De dónde viene la imagen? ¿Quién describe ese futuro? ¿Quién determina qué es preferible? ¿Qué lo hace digno de ser desarrollado?

Los pastores son generalmente vistos como vitales para iniciar una visión para una iglesia. A menudo aquellos que describen el liderazgo pastoral usan un modelo en el cual el pastor es la persona principal para crear la visión. En este modelo, el pastor sube la montaña con Dios y baja con la visión para la iglesia.

Mientras que un modelo de visión centrado en el pastor no es incorrecto, puede que no sea la mejor manera de hacerlo. Tiene sus ventajas, pero también tiene sus desventajas. Aunque puede ser relativamente rápido y provea singularidad a la visión, la profundidad de propiedad por otros en la iglesia es limitada.

Alternativamente, la visión puede fluir de un grupo dentro de la iglesia, tal vez de trabajo colaborativo con la junta, un grupo de trabajo o un proceso de la congregación. Puede haber una variedad de maneras en que la visión llega a existir. Lo importante es recordar que la *visión siempre comienza con Dios* y fluye a través de los líderes, seculares y religiosos, que son receptivos y están dispuestos a tratarla con cuidado y en confianza.

La visión no es un mazo con la intención de golpear a la gente en sus posiciones. No es una palanca para forzar la conformidad, ni es una ventaja para llevar la delantera. (Tú y yo hemos visto a muchos pastores que la tratan de esa manera. El resultado es un líder enfermizo y a menudo enojado que hace alarde acerca de su éxito en la administración de personas). La visión es delicada y esencial. Sin ella, la gente se seca y pierden fuerza. La visión tiene que ser constante y silenciosamente cultivada para que se desarrolle por completo y tiene que ser magnética en su representación del corazón de Cristo para el pueblo. Requiere momentos de introspección y de lucha por parte del pastor que puede incluir un retiro para reflexionar, orar, ayunar y pasar tiempo a solas con Dios. También requiere que el pastor mantenga su mente abierta a la visión y permita que sus líderes tengan acceso, invitando la colaboración y el diálogo y una disposición para dejarlos amasar la visión como una manera de formarla y apropiarse de ella. Dios trabaja a través de la reciprocidad y la interdependencia para formar la mente del Espíritu entre nosotros.

Si tú tienes miedo de darle a tu gente el permiso para encargarse de tu visión, te estás aferrando a ella demasiado. Si te niegas a aceptar recomendaciones sabias y pías para formar visión, tú eres demasiado inseguro. Si dominas a la gente en tu iglesia usando tu visión para manipular, eres demasiado egocéntrico. ¿Y honestamente? Eso no le complace a Dios.

Una vez una persona me preguntó qué era visión y le di una respuesta improvisada: «Es lo que veo cuando me asomo por la ventana de nuestro futuro. No la creo; Dios la crea. Pero veo una sección de la cordillera de Dios. Y me siento obligado a trabajar con otros para hacer esa sección realidad». Trabajar con otros es una parte esencial para enfocar la visión. Es cierto que un pastor tiene que ser capaz de ver hacia adelante para guiar a la gente a pastos verdes y a la participación sana con la misión, pero en la economía del reino, no es una presentación de un solista. Recuerda, un pastor es una oveja primero. Si nos olvidamos de eso, corremos el riesgo de la manipulación arrogante.

Hace unos cuantos años, estaba trabajando con una iglesia que se encontraba en transición pastoral. Durante la mañana de un domingo particular, yo estaba substituyendo en el púlpito y me di cuenta de que esta gente no tenía esperanza. Seguían hablando de lo ansiosos que se sentían por la llegada de un pastor nuevo. Todo lo que hacían era en anticipación de un nuevo líder. Seguían diciendo que necesitaban visión ya que sin un pastor no tenían ninguna y, tan pronto como llegara un nuevo pastor, serían capaces de seguir adelante.

Tomé unos cuantos minutos antes de comenzar a predicar para tener una charla amistosa y sincera. Les dije, «¡Estoy seguro de que a mí no me gustaría ser su pastor!». Eso los tomó desprevenidos. «Si esperan que llegue un nuevo pastor y lo haga todo, y si tu habilidad para ser una iglesia sana y moverse en la dirección que Dios quiere depende del nuevo pastor, ¡entonces no es un lugar en que a un pastor sano le gustaría estar!» Ahora tenía su atención. Continué, explicándoles el papel de un pastor con una imagen de un telescopio.

Imagínate un telescopio. No el electrónico ni el reflector, sino el tipo que se puede comprar en las tiendas para uso en el hogar. Es un tubo largo, más ancho de un lado que del otro. Dentro del tubo hay unos cuantos lentes que refractan, o doblan, la luz. Apuntas el telescopio hacia la luna y los lentes reciben la luz y la doblan para acercarla.

Al otro lado del telescopio hay una pequeña, pero esencial pieza. Se llama el ocular. ¿Alguna vez has visto a través de un telescopio hacia la luna sin un ocular? La luz se ve muy brillante porque los lentes la están amplificando correctamente, pero la luz se ve muy borrosa. No la puedes enfocar. Es brillante pero no enfocada. Los lentes están haciendo el trabajo pesado de amplificar la luz, pero sin el ocular todo es borroso.

De la misma manera, ¿alguna vez has visto la luna solamente a través del ocular? La puedes ver. El ocular no amplía nada, solo enfoca, mientras que el lente amplía pero no enfoca. Pon el ocular de vuelta en el telescopio y al estar juntos, la luz se amplía y la imagen que ves cuando te asomas es clara, definida e impresionante.

Mientras continuaba hablándole a la congregación, podía ver las marchas moviéndose en sus mentes. «Su nuevo pastor es como el ocular. No esperen que él o ella sea más de lo que Dios lo ha o la ha llamado a ser, y no abdiquen a su responsabilidad de ser el pueblo de Dios, los lentes. A través de los dones y los talentos que te ha dado Dios, tú tienes que hacer el trabajo pesado de aumentar el ministerio en la comunidad. El papel del pastor es clarificar la visión impresionante del paisaje del futuro preferido por Dios». Por primera vez, esta pequeña congregación comenzó a entender su papel en expandir la visión de Dios para su iglesia.

¡Los pastores no crean la visión más de lo que crean a la propia luna! Dios ya te lo ha presentado: tu tarea es ver la imagen que ha dibujado Dios y describir, a través del uso de tus talentos y dones, la manera en que tu iglesia encaja con el gran plan de Dios. Se filtrará a través de tu personalidad, tus prioridades y experiencias, pero si has hecho todo eso disponible a la influencia formadora del Espíritu Santo, solamente le dará sabor a la visión que procede del corazón de Dios.

Dios da la visión, pero se requiere líderes devotos y competentes para apuntar el telescopio hacia la escena que ha presentado Dios. Involucra usar dones, talentos y colaboración para aumentar la escena. Pastor, *tú* la enfocas. Si estás desconectado de la gente, serás inefectivo. Si estás apuntado en la dirección incorrecta, fracasarás.

## Comunicar una visión

¿De qué sirve ver una visión si no se la puedes comunicar a la gente? La visión es importante, pero el reparto de visión es igual de importante. Porque tú eres el encargado principal de reparto de visión en la iglesia, es de incumbencia que lo hagas eficazmente.

Comunicar una visión es más fácil para unos que para otros. Aunque hayas concluido que no eres un encargado de reparto de visión natural, no estás absuelto de la responsabilidad de desarrollar la habilidad. Puede ser que no seas el mejor predicador en el mundo ni tampoco un maestro talentoso, pero eso no significa que puedes dejar de predicar o de enseñar. Viene con el territorio. Es parte de tu oficio.

No te engañes e infles tus habilidades más allá de lo que es real, pero no te rindas tampoco. Si no eres un buen encargado de reparto de visión, admítelo. Has el esfuerzo y perfecciona tu habilidad. No tires la toalla. Tu congregación necesita visión, sin ella, ¡perecerán! Y recurren a ti para obtener la visión. Busca ayuda. Usa a otros a tu alrededor, sean miembros del personal o líderes dentro de la iglesia, que pueden ser talentosos. Pero siempre mantente en el juego. La visión está tan vinculada a tu cargo que si te rindes por completo, tu eficacia caerá en picada.

## Característica 15

Dale a tu congregación crédito también. Puede ser que no seas el mejor encargado de reparto de visión en el mundo, pero ellos tienen la habilidad de escudriñar a través de las cosas que tú haces, las palabras que pronuncias y la manera en que te comportas para distinguir hacia cuál sección de la cordillera de Dios vas encaminado.

Aunque Dios no da instrucciones explícitas acerca del método, existen unas cuantas pistas en la Escritura acerca de comunicar visión. Veamos, por ejemplo, al profeta Habacuc: «Escribe la visión, y haz que resalte claramente en las tablillas, para que pueda leerse de corrido» (2:2). ¿Cómo se comunica la visión entonces? Escríbela tan claramente que pueda ser leída y entendida rápida y fácilmente. La gente debería de poder captar la visión mientras van pasado apurados. ¿Carteleras? Tal vez. Al menos pósteres en la iglesia, cartas a los miembros de la congregación, artículos en boletines, frases y palabras durante reuniones. Los pastores efectivos toman responsabilidad de comunicar la visión claramente a la iglesia y al vecindario.

*EL MENSAJE* lo parafrasea así: «Escríbelo en letras grandes para que se pueda leer de pasada». La versión inglesa contemporánea dice, «Escríbelo claramente para que se pueda leer de vistazo». La gente vive a una velocidad muy rápida. Mientras más rápido vayan, más grandes serán las letras que tendrás que usar. Eso significa que tú facilitas la disposición de la visión, y no permanece atrapada en las notas de la reunión de algún comité. También significa que la presentas en algún idioma que puedan entender claramente, no en disparates teológicos o técnicos que requieren un intérprete para entender.

La *New Living Bible* toma la siguiente dirección: «Escribe mi respuesta en letras claras y grandes sobre una lápida para que un mensajero la pueda leer y se lo pueda contar al resto del mundo». La *New Century Version* dice: «Anota la visión; anótala claramente en tablillas de arcilla para que quien sea que la lea pueda contársela a otros». La visión motiva a aquellos que la leen a difundir el mensaje a otros. Tú dices: «Pero yo no soy un buen comunicador. No puedo hablar bien, o predicar bien, o escribir bien». ¿Quién dijo que tenías que especializarte en discurso u homilética para el reparto de visión? Moisés tenía las mismas preocupaciones y hasta lo discutió con Dios, pero al final, ¿había duda de la visión que buscaba Moisés y el resto del pueblo? Yo creo que no. Usa los dones que tienes. Mira lo que tienes en la mano, ríndelo a Dios y deja que él lo transforme en un instrumento con el cual guiarás al pueblo.

Moisés tenía una vara en su mano. No era especial, solamente era la vara de un pastor. Pero lo rindió a Dios, quien lo transformó, y ese palo se convirtió en el instrumento del oficio de Moisés, y él lo blandió para comunicar la visión y el poder de Dios. ¿Cuál es tu vara? Tal vez son las relaciones personales, el consejo, el cuidado pastoral, la administración o la predicación, pero sea lo que sea, te enfrentarás con circunstancias cada día. Puedes decidir tratarlas como una molestia y ponerlas tras de ti lo más pronto posible para continuar con lo que consideras el verdadero trabajo, o puedes ver cada una de estas circunstancias como una manera de blandir tu vara y comunicar más claramente la visión para la iglesia. Todo lo que haces es otra oportunidad para comunicar visión. No desperdicies ninguna oportunidad.

## Motivar hacia una visión

Esta parte del liderazgo visionario es a veces la más evasiva. Tú puedes tener claro cuál es la visión y te puedes sentir bien comunicándosela a la iglesia, pero a menos que la congregación esté motivada a moverse hacia ella, la eficacia está faltando.

La mayoría de las personas se sienten motivadas *cuando están involucradas*; ese es un principio del liderazgo en cualquier parte. Parte de estar involucrado significa caminar juntos en el viaje hacia el destino. Significa tomarse del brazo y salir adelante. Tú no puedes estar verdaderamente involucrado si te mantienes en la línea de banda observando como un espectador. La iglesia sana no es un estadio lleno de espectadores observando a los muy bien pagados profesionales demostrar su talento, y un pastor que trata a su congregación así, no es saludable para la iglesia. Las personas seguirán tu ejemplo.

Los pastores efectivos saben la importancia de sacar a la gente del banco y meterla a las trincheras. Traen a individuos talentosos a su congregación para participar en el asunto de cumplir con la visión. Estos pastores utilizan la pasión, el talento, el don y la energía que se encuentra en su congregación. Al hacerlo, desarrollan posesión profunda en la gente para la visión en común.

Una motivación más grande aún es *entender por qué*. ¿Por qué hacemos esto? ¿Cuál es el gran plan? Ver el plan en general y entender de qué manera encajamos con él nos ayuda a entender porqué es tan importante lo que hacemos. En la labor que desempeña la iglesia para el reino, tenemos el «porqué» más convincente que le gustaría tener a un líder: acercar el reino de Dios. Traer la curación y la salvación a las vidas fracasadas. Reflejar bien a Cristo. ¿Cuál porqué más grande podría existir? Dios te ha dado el porqué del ministerio. Todo lo que tienes que hacer es ayudarle a tu congregación a verlo.

Cuando los hijos están pequeños, los padres simplemente les dicen qué hacer (haz esto, no hagas aquello) y los hijos casi siempre obedecen solamente porque tienen confianza completa en la sabiduría de los padres. Conforme crecen, sin embargo, la obediencia no es tan rápida. Frecuentemente harán lo que se les exige, pero no sin primero preguntar por qué. Si respondes simplemente: «Porque lo digo yo», acababas de quitarles el proceso de crecimiento y madurez, y has perdido una oportunidad para obtener la posesión de ellos en lo que motivan tus acciones.

No estoy diciendo que nuestros fieles son como niños, pero todos nosotros crecemos y maduramos conforme vamos tomando parte con el por qué de algo. Nos da una idea general, un contexto, una conexión que nos motiva a unirnos con la visión común. Invita a tu congregación a participar en el porqué de la visión. Se apropiarán de ella y se sentirán motivados a cumplirla.

Finalmente, *el ambiente es importante* para motivar a las personas. El ambiente no necesariamente causará la motivación directa, pero un ambiente pobre puede frustrar los mejores esfuerzos de líderes efectivos.

Las palmeras son muy sensibles al medio ambiente. Requieren clima y alrededores perfectos. ¿Qué crees que ocurriría si transplantaras una palmera al círculo polar ártico? Moriría, y lo haría muy rápidamente. ¿Por qué? Porque el clima en el círculo polar ártico no es propicio para que crezcan palmeras (o cualquier otro tipo de árbol, en realidad).

Imagínate que la visión de tu iglesia es una palmera. Para que esta pueda crecer y florecer, el medio ambiente necesita ser exacto. Permitir que el medio ambiente varíe demasiado lejos de lo óptimo es una manera segura de matar la visión en la iglesia. Tú eres la persona más influyente en la creación de medio ambiente en tu iglesia. La gente adoptará las cualidades que ven modeladas en ti. Si eres una persona austera, la congregación pronto se pondrá agria. Si criticas demasiado, se pondrá negativa. Si te enojas, se pondrá crítica. Si eres gentil, se convertirá amable. A como vas estableciendo el medio ambiente climático de tu iglesia, haces posible, o no, que la visión florezca. ¿Recuerdas la imagen del termostato y el termómetro? Tú creas el medio ambiente; no simplemente respondes a él.

Si tú creas un medio ambiente poderoso, la gente se sentirá poderosa y tomará posesión e iniciativa para cumplir la visión. Si creas un medio ambiente controlador, la gente se sentirá insegura para iniciar, aunque tú sientas que tienes control de todo. En la escena que Dios da de la iglesia, los seguidores de Cristo trabajan juntos, cada uno según el don que él o ella posee, todo para la edificación de la iglesia. Otorgarle autoridad a tu gente para el uso libre, pero enfocado, de sus dones y esfuerzos es consistente con lo que tiene Dios en mente para la iglesia.

Es precisamente en este punto que las otras características de los pastores efectivos son tan importantes. Porque la visión a la cual los pastores efectivos guían su congregación es parte de la gran escena de Dios, esta requiere un medio ambiente devoto para poder florecer. Los árboles tienen un hábitat natural. La visión también. La visión devota requiere un medio ambiente devoto en el cual pueda crecer y prosperar.

El liderazgo visionario no puede ser completamente eficaz a menos que se integre con características como la integridad personal, la vida santa, la oración, la autoridad del Espíritu y el carácter devoto. *El medio ambiente se afecta más por quien eres que por lo que haces.* Si tu vida como pastor es inconsistente con las características de eficacia que reflejan al Espíritu Santo, el medio ambiente de tu iglesia no será propicio para una visión de Dios, no importa lo mucho que lo intentes.

\* \* \*

Vale la pena explorar una idea más. «Colaboración» puede sonar como una frase popular de la administración, pero en la iglesia, es otra palabra para la reciprocidad y para una variedad de dones trabajando juntos hacia una visión en común. Debido a la posición del pastor, la mayoría de la gente se refiere a él o ella para determinar la cantidad de colaboración que será permitida o fomentada. Si introduces la colaboración a la fibra de tu iglesia, desatarás energía, posesión y motivación entre tu gente de tal forma que los moverás voluntariamente hacia la visión que enfocas.

Durante una discusión con un compañero líder acerca de visión y de mi papel en ella, mi atención se dirigió hacia los cuatro estilos de liderazgo de Barna, no porque son lo únicos que existen sino porque ayudan a capturar el principio subyacente de la colaboración.[1] Yo sabía que era un *líder dirigente*, y también me había enterado de que no podía guiar en aislamiento. A través de años de liderazgo, era aparente que necesitaba a otros para unirme a ellos en colaboración para sinergia y para eficacia.

Mientras mi amigo exploraba mi papel en el liderazgo, le dije que necesitaba los otros tres tipos cerca a mí. Un líder dirigente se asoma por la ventana y dibuja la imagen de la visión: «¡Hacia allá! ¡Vamos!» El *líder estratégico* considera cuidadosa y naturalmente los pasos y las estrategias que nos llevarán allí: «Tenemos que viajar sobre la carretera 34 y después hacer una derecha en la carretera 17, para finalmente confluir con la carretera Logro». El *líder operacional* naturalmente hace preguntas logísticas y se ocupa con la cuestión de lo que tomará para llevarnos a nuestro destino: «Necesitaremos 5 barriles de frijoles, 2 pedazos de tocineta, un buen farol y 40 tanques de agua». El *líder fomentador del equipo* se asegura de que las ruedas relacionales estén bien aceitadas: «Vamos, hagamos esto juntos».

Tú puedes usar términos o paradigmas diferentes, pero el punto es que según vas colaborando con otros, eres mucho más efectivo como líder de la visión. Además, los resultados serán mucho más placenteros para Dios, quien ha hecho de la iglesia un lugar donde la gente se necesita el uno al otro y trabajan juntos para alcanzar la visión que él ha presentado.

**Nota**

1. George Barna desarrolló cuatro tipos de líderes como base para el *«Christian Leader Profile»*, un informe electrónico disponible en http://www.barna.org/FlexPage.aspx?Page=Resource&ResourceID=99 (visitado en marzo, 2007).

## Conclusión

# UNA ÚLTIMA PALABRA DE CÓMO SER UN PASTOR EFECTIVO

Tú has sido inundado con muchos conceptos en este libro, y en conclusión, lo único que tiene sentido es ofrecer un comentario que te puede ayudar a mantener las cosas en perspectiva. Si tú eres como la mayoría de los pastores, o te emocionas mucho cuando lees algo con lo que puedes relacionarte, o te desanimas hasta el punto en que lo quieres olvidar todo.

Muchos pastores salen de las conferencias de pastores más desanimados que animados, no porque los eventos son malos sino porque se sientan cansados solo al pensar acerca de todo lo que tendrán que hacer para aplicar lo que acaban de aprender, o porque se dan cuenta qué tan fuera de su alcance verdaderamente se encuentra todo lo que acaban de escuchar. Terminar este libro puede tener un efecto similar.

«¿Cómo puedo enfocarme en todas las 15 características?»

«¿Cómo puedo tener la esperanza de cambiar de verdad?»

«¿Por qué quiero regalar este libro y esconder mi cabeza en la arena?»

«¡Me muero por fortalecer mi ministerio con la ideas que acabo de leer!»

Por favor siéntete animado. La razón por la que sientes emoción o desánimo extremo es debido a la pasión natural que sientes hacia tu llamado para ser pastor. Cuando esa pasión se enfrenta con algo nuevo, esta, o participa y crece o se consume frente al reto de enormes proporciones. La diferencia en respuesta es en gran parte una función de tu condición interior. Tú puedes estar cansado; puede ser que no sepas que más hacer. Si estás laborando solamente en la orillas desgastadas de tu capacidad emocional y espiritual, fácilmente te puedes desilusionar.

Tú responderás a nuevas ideas basado en la condición de tu vida. De todos modos, sea con emoción o con desánimo, la clave para asimilar los conceptos en este libro es entender algunas cuantas cosas acerca de tu llamado.

Primero, el pastorado efectivo es un equilibrio cuidadoso entre la actividad y la identidad. Como la analogía del témpano de hielo, un equilibrio cuidadoso tiene que existir entre lo que haces diariamente y quién eres en verdad en la base de tu identidad. Una vez que permites que ese equilibrio se incline hacia un lado o el otro, tu pasión se drenará. Es como un subibaja. Un lado es tu rutina diaria de actividades del ministerio, y el otro es el fundamento interno de tu ser. La efectividad en el ministerio llega cuando hay equilibrio en el subibaja.

Las características que acabas de leer te pueden ayudar a encontrar ese equilibrio. No deberían de convertirse en otro kilogramo más de peso añadido a cualquiera de los dos lados. No solo son actividades que tenemos que buscar, y tampoco son solamente condiciones para aplicar. Requieren la integración cuidadosa en tu vida de manera sana y equilibrada.

Segundo, estas características son descriptivas. Debajo de estas características existe una relación creciente, dinámica y sana con Dios. No es igual a la relación que tienen otros con él; la tuya es única porque tú eres único. Así como cada relación es distinta, tu relación con Dios no es igual a la de ninguna otra persona. De esa relación vibrante y creciente es que fluyen naturalmente estas características. Haciendo esa relación la prioridad es que estas características comenzarán a describirte de maneras visibles. ¿Por qué? Porque aquel con quien tienes una relación íntima está teniendo un impacto en tu vida.

Tercero, estas características son preceptivas. Si la eficacia te elude, no significa que no tienes causa. Además, no significa que tienes una mala relación con Dios. Desarrollar estas características en tu vida puede servir para darle acceso al Espíritu Santo para formarte y hacerte crecer. Al enfocarse en estos, Dios puede formarte para reflejar bien las características, pero solo mientras reconozcas que no provienen de tu propia habilidad sino de la vitalidad de Cristo en ti.

## Imágenes de pastores efectivos

Yo tenía 17 años de edad cuando visité el museo de *Christ of the Ozarks* en Eureka Springs, Arkansas. Después de tres décadas, solo hay una fotografía que recuerdo de esa ocasión: una imagen grande en blanco y negro representando a Jesús como el Buen Pastor cuidando a sus ovejas. Cuando me acerqué a la imagen, descubrí que estaba en realidad compuesta por el Nuevo Testamento. El Nuevo Testamento *completo* había sido organizado de tal manera que creaba esta imagen irresistible de Cristo. Recuerdo esa imagen frecuentemente cuando considero lo que significa ser un pastor: un pastor creado por la palabra de Dios.

Las imágenes que guardamos en nuestras mentes poderosamente forman nuestras vidas e influyen las maneras en que llevas a cabo nuestros ministerios. El oficio del pastor es imaginado de maneras diferentes. Algunos ven al valiente Moisés con los mandamientos bajo su brazo. Otros ven a una figura como Nehemías, guiando la construcción de la iglesia. Algunos ven a un Bernabé, cuidadosamente animando a los débiles. Aún otros ven a Pablo, impartiendo profundas verdades teológicas con lógica irrefutable.

Hay siete imágenes principales del pastor. Casi siempre estas imágenes son subconscientes. Raramente son identificadas claramente o reflexionadas profundamente, pero los pastores tienen que entender las variadas imágenes que utilizan en su liderazgo. La eficacia máxima llega cuando un pastor entiende cuáles imágenes son más necesarias dentro del contexto de su ministerio actual.

No existe ninguna imagen que sea sinónima de la eficacia. Ningún pastor tiene la personalidad, los dones o las habilidades para modelar todas las siete imágenes. Por el contrario, los pastores tienden a operar principalmente con una o dos imágenes dominantes. Según te vas conociendo a ti mismo y al contexto de tu ministerio, entenderás qué tipo de líderes necesitas traer a tu alrededor para maximizar la efectividad del ministerio de tu iglesia. La salud general de una iglesia se realiza al combinar las fuerzas de varias imágenes.

Veamos brevemente estas siete imágenes. Trata de identificar dos o tres de ellas con las que tú te relacionas; todas son importantes y útiles, pero solo un par de ellas de se sentarán como anillo al dedo.

## El Profeta

El pastor Joe es un maestro dominical talentoso. Él predica la Palabra pura y nadie lo acusaría de ser sensible hacia los que la buscan. Uno sale del servicio dominical bien informado. Él no es reticente de los últimos y más nuevos pecados de la sociedad. Él no es necesariamente cariñoso ni amoroso, y la gente ha salido de su iglesia sintiéndose abandonada. Un cierto tipo de persona encuentra a Cristo a través de su ministerio mientras que otras se alejan temerosos. La imagen dominante para Joe del ministerio pastoral es el profeta.

Juan Calvino sugirió que las imágenes tradicionales del pastor son profeta, sacerdote y rey. La imagen profética del pastor se relaciona con el papel de proclamación: El profeta recibió y comunicó la palabra de Dios para poder mover a la gente hacia los propósitos de Dios. Aunque existe una conexión, esto no debe confundirse con el don de profecía que nos da en el Nuevo Testamento (ver Efesios 4:10).

La imagen profética del pastor enfatiza el poder que tiene el púlpito para formar al pueblo de Dios y para guiar la iglesia. El pastor considera su prioridad el conocimiento preciso de lo que ha dicho Dios a través de la Palabra, y la proclamación fiel de esto hacia el pueblo de Dios. Esto también puede incluir escuchar lo que Dios está actualmente diciendo de maneras sobrenaturales. En ambos casos, el énfasis es presentar la verdad de manera que mueva a la iglesia a la acción.

Esta imagen profética no está limitada al ministerio del púlpito. Los pastores pueden tener una voz profética para pronunciar la palabra de Dios en la sociedad para traer la verdad y la justicia. Puede involucrar confrontar al municipio acerca de los clubes de striptease o establecer contactos con líderes de la ciudad para desarrollar responsabilidad moral hacia los pobres. Tal vez una imagen profética se manifiesta cuando un pastor da una vuelta en automóvil con la policía de la ciudad para hablar de Cristo o toca puertas para hablar del evangelio.

Elías fue un gran ejemplo de esta imagen. Él proclamó de tal manera que conmovió a Israel a acercarse a Dios. Enfrentó los pecados del pueblo de Dios y de la sociedad. Se nos dice doce veces en la Escritura que «la palabra del Señor vino a Elías». Elías no tenía la intención de hacer amigos e influenciar a gente: su llamado era pronunciar la palabra de Dios y contarla de manera correcta.

### El Sacerdote

Sam es un pastor en la región del medio oeste, y si uno de sus miembros está en el hospital, está ahí con su aceite de unción. Si alguien tiene un hijo recién nacido, ella llega de primera, lista para orar por el nuevo bebé. Durante los servicios dominicales, su momento favorito es cuando parte el pan y le ofrece la copa de Eucaristía a su congregación. Sam designa dos mañanas cada semana para que la gente confiese su pecado y reciba oración. Su iglesia respeta la seriedad con la que Sam lleva a cabo su oficio pastoral, y perciben la presencia de Dios en medio de ellos durante los servicios religiosos.

La imagen de sacerdote enfatiza el papel del pastor como el líder de alabanza que lleva a cabo funciones sacramentales en nombre de la iglesia. Similar al papel sacerdotal en el Antiguo Testamento, el pastor facilita la alabanza individual y en grupo. El pastor administra la comunión, se encarga de los bautizos, oficia los matrimonios, encabeza los funerales, recibe confesión, aconseja al pecador, busca como reconciliar las relaciones e intercede con Dios en nombre del pueblo. Este pastor coloca valor alto en su papel como representante de Dios.

Estos pastores cumplen con el papel de sacerdote como mediadores, trayendo Dios al pueblo y el pueblo a Dios. La eficacia se evalúa por un sentido indefinible de la presencia de Dios activa en medio de los sacramentos y los ritos. Preservar la integridad, la continuidad y la santidad de las expresiones de fe es la prioridad para estos pastores.

El ministerio sacerdotal de Aarón trajo a las personas a la presencia de Dios mientras él ofrecía sacrificios en su nombre. Él proclamó la Palabra de Dios, intercedió por el pueblo, se aseguró de la santidad del templo y el sacerdocio, y comunicó el perdón de Dios.

Esta imagen sacerdotal, la cual fue predominante en el cristianismo durante siglos, fue algo marginalizada en círculos evangélicos durante el último siglo. En años recientes, sin embargo, ha habido un resurgimiento de esta imagen. Con el uso creciente de liturgia y un énfasis en las expresiones antiguas-futuras de la iglesia, esta imagen está encontrando interés e impacto extenso.

## El Rey

El pastor Juan está en plena forma cuando está calculando el nuevo presupuesto para el año o diseñando el sistema que se usará para el seguimiento de los nuevos miembros. Él se emociona reclutando gente para el programa de discipulado, entrenándolos y después supervisando su labor. Los detalles son importantes para él y casi siempre tienen que cumplirse a su manera. Él delega fácilmente, aunque casi siempre se frustra con la continuidad de aquellos que él autoriza. Su meta es que la iglesia sea una máquina bien aceptada moviéndose en armonía con su liderazgo espiritual. La administración es uno de sus dones más importantes.

La imagen de rey sugiere las funciones administrativas de la iglesia. Primera Timoteo 5:17 se refiere a esta imagen de pastores cuando declara, «los ancianos que dirigen bien los asuntos de la iglesia son dignos de doble honor».

Esta dimensión del pastorado se enfoca en el liderazgo y la organización. El pastor que personifica esta imagen organiza a gente y a sistemas para servir la misión del reino. Él da órdenes de marcha. Entiende las metas de largo y de corto plazo y desarrolla y ejecuta un plan para alcanzarlas.

Moisés fue un líder multidimensional, pero la imagen de rey describe una parte significativa de su liderazgo. Él organizó a los esclavos para formar una comunidad desarrollada. Al establecer sistemas para la alabanza, la higiene, la ley y el orden, él administró las necesidades del pueblo. Nombró líderes que supervisaban a grupos de miles, cientos, cincuenta y diez por el bien de dispensar justicia y mantener orden (ver Éxodo 18).

El ministerio sería un caos sin la administración y el liderazgo apropiado. El papel de rey hace orden del caos y guía a la iglesia sobre un camino claro hacia metas que valen la pena. Establece límites y crea estándares para la excelencia. Ser excesivamente entusiasta por esta imagen puede, por supuesto, conducir a consecuencias indirectas perjudiciales: los pastores dominantes, independientes, rígidos o enfocados demasiado en las tareas dañarán su eficacia y, sin moderación, pueden rápidamente adquirir la reputación de ser constructores de imperios.

### El Siervo

No mucho tiempo después de que comencé a pastorear, llevamos a un equipo a la República Dominicana para trabajar en un proyecto de construcción de iglesias. Durante el día, yo sudaba con una piqueta en la mano, excavando a través de lo que había sido una vez un sitio de basura para los locales. Durante la noche, predicaba. Creía que estaba predicando bastante bien, pero descubrí que mis acciones estaban teniendo más impacto que mis palabras. Un dominicano fue quien resumió los sentimientos del grupo: «Te escucharé porque tienes las manos sucias».

La imagen de siervo extrae mucho del ejemplo de Jesús como modelo de conducta para el ministerio pastoral. Robert Dale escribe: «La servidumbre es la imagen básica de la persona y de la obra de Cristo. Por ejemplo, cuando el fragmento del himno conteniendo la cristología más elevada del Nuevo Testamento describe a Jesús, ¿cuál término usa? Siervo».[1]

El pastor cuya tendencia principal es la de siervo está «respondiendo al llamado de otro, sirviendo a los pobres y los necesitados, participando con Cristo en un proceso de auto-derrame, obedeciendo como un esclavo a su amo, y participando en el llamado de autosacrificio».[2] El pastor siervo busca dedicar su vida a la necesidades del pueblo. Este pastor encuentra satisfacción llevándole una cena caliente a un anciano, visitando a los enfermos, ayudando a un miembro a construir una cerca, montando una campaña de colecta de sangre para la comunidad, limpiando los baños del santuario, llegando a los trabajos de los miembros, o cortando el césped de su vecino. Su ministerio es encarnacional según va modelando el evangelio en sus actividades diarias. Él lleva a cabo un *ministerio de presencia*, trayendo a Cristo a donde está el pueblo.

El ministerio encarnacional de siervos está aumentando en la iglesia. La imagen de «ser» del evangelio para obtener credibilidad para «pronunciar» el evangelio está adquiriendo velocidad. El mundo se está cansando de pastores que les fascina hablar y después se retiran a sus oficinas forradas en madera hasta el sermón de la próxima semana. Existe poca autoridad en las manos que tocan el teclado de la computadora pero que nunca sirven a los necesitados. La credibilidad fluye de las manos que están dispuestas a ensuciarse por las necesidades de otros. El mensaje de vida se lleva en una vida que está modelando el mensaje a través del servicio.

Al igual a que con todas las imágenes, existe un inconveniente potencial en la imagen del siervo si esta se lleva a extremos o no se equilibra con algunas de las otras imágenes. Se puede convertir en una imagen desalentadora en la cual el pastor abdica el liderazgo, causando que este se convierta en un sirviente del pueblo en vez de en un sirviente de Dios.

## El Líder siervo

Distinto de las otras imágenes, el título de esta imagen no se encuentra en la Escritura. La imagen de un líder siervo ha sido criticada como promotora del ego, el individualismo, la confianza en uno mismo, la competencia y la brecha entre el clero y el laicado, pero una búsqueda sana de liderazgo servicial conduciría lejos de tales riesgos. Es similar al acto de entrenar, lo cual es una vocación de ayudar a otros a alcanzar su potencial. Entrenar también puede ser una actividad centrada en el ego, la competencia y el orgullo, y puede crear división entre el entrenador y los jugadores. La diferencia es que un verdadero líder siervo es un siervo primero.[3]

Pablo no tenía ni miedo de hacer el trabajo difícil de la servidumbre ni de afirmar su autoridad para guiar. Él consideraba que construir tiendas, razonar con filósofos, cuidar de los enfermos, recoger leña, predicarle a la multitud, hablar de Cristo con líderes políticos y refutar herejes era una respuesta de seguir a Cristo en cada circunstancia. Él contaba guiar, enseñar, escribir y razonar como formas de servidumbre, pero su servicio también era evidente en cuestiones como la ayuda hacia los pobres y los enfermos.

Como un líder siervo, Pablo era un empresario espiritual: Él constantemente buscaba una nueva oportunidad por el bien del evangelio. Era incesante en creativamente cambiar el método de transmitir el mensaje para encajar con la audiencia a quien le predicaba. Él recibía nuevas posibilidades con ideas innovadoras, y esas ideas siempre eran guiadas por su profundo compromiso de ser un siervo de Cristo. Él siempre buscó elevar y autorizar líderes y ayudarles a convertirse en más de lo que habían sido llamados a hacer.

Estas son las marcas del líder siervo. Este pastor mantiene la servidumbre y el liderazgo en equilibrio dinámico. Hay momentos para estar en las trincheras con el pueblo, momentos para estar al frente dirigiendo la carga, momento para estar solos desarrollando los planes de batalla.

El pastor quien coloca la imagen del líder siervo como prioridad se especializará en el liderazgo visionario que es agresivo sin ser autoritario. Su meta es cumplir con la visión que tiene Dios para el pueblo mientras cree que Dios la ha colocado en la posición para guiar al pueblo a ese lugar. Este pastor acepta la autoridad de su posición con compasión y con seguridad de servirle a Dios.

## El Amigo

Brad creció en una iglesia grande con un pastor estrella que lo podía hacer todo. Su pastor tenía un aire de autoridad y una presencia dominante. Brad observaba como las personas eran usadas para llevar a cabo los objetivos del pastor solamente para ser echadas a un lado después. Sintiendo su propio llamado al ministerio, Brad se ponía tenso solo de imaginar convertirse en su pastor dominante, sabiendo que él era mucho más relacional y no tan impulsado por metas. Al luchar con esta imagen condujo a Brad a un camino diferente del ministerio: Descubrió una red de iglesias-hogares, se convirtió en un pastor de iglesia-hogar. Conocer a cada persona de su iglesia íntimamente y trabajar con ellos para transformar un bloque de tres cuadras en su comunidad conmueve la pasión de Brad.

Edward Zaragoza promueve la imagen de amigo del pastor, inspirándose en el fundamento de la amistad dentro de la Trinidad: «Ya no los llamo siervos, porque el siervo no está al tanto de lo que hace su amo; los he llamado amigos, porque todo lo que a mi Padre le oí decir se lo he dado a conocer a ustedes» (Juan 15:15).[4] Zaragoza afirma que «La amistad es la paradigma de Jesús para nuestro ministerio ordenado porque es trinitario».[5]

Amigo es una de la imágenes más poderosas para el pueblo. Todos deseamos tener amigos y saber que Dios es nuestro amigo. La imagen de amigo le pide al pastor que actúe como amigo de Dios, amigo del pueblo y amigo del yo. Este pastor hace una prioridad administrar su ministerio como una asociación. Ella no ministra *para* el pueblo sino que *con* el pueblo. No enfatiza ni el liderazgo ni la servidumbre. La distinción clero/laicado es insignificante.

El pastor amigo es un buen oyente, un creador de consensos y un cuidador. El énfasis en la tarea es generalmente bajo, pero la prioridad en los individuos muy alta. Su medida de éxito y eficacia es la profundidad de relación que tiene con los individuos en su congregación.

Bernabé reflejó aspectos de esta imagen. Él no estaba preocupado por la reputación pasada o amenaza potencial de Pablo hacia la iglesia, enfocándose por el contrario, en darle una bienvenida a Pablo como persona, invitándolo al círculo de fraternidad. Como lo sugiere su nombre, Bernabé era un «hijo de ánimo», inspirando a Pablo a usar sus dones para construir la iglesia. Bernabé estaba feliz ministrando junto a Pablo y ver el desarrollo de Pablo como apóstol. Para Bernabé no era necesario ser el centro de la atención.

Muchas personas, incluso profesores del seminario, cuestionan si un pastor debería de tener amigos cercanos dentro de la congregación. Esta imagen que la mayoría, si no todos, en la congregación deberían de ser amigos cercanos. Es mientras vives con amistades auténticas, cercanas y vulnerables que puede acontecer un cambio de vida más efectivamente.

## El Pastor

Pastor es la imagen más usada para retratar el papel multifacético del pastor y aparece más de 500 veces en la Escritura. La relación entre el pastor y su rebaño describe e ilustra lo que Dios espera de aquellos que él coloca en papeles de liderazgo.

La teología pastoral en los siglos XVIII y XIX hablaba de la *poiménica*, el estudio de cómo pastorear (de la palabra griega para pastor, *poimen*, un verbo que significa alimentar o cuidar del rebaño). A través del siglo XX, tal vez debido al descenso de la era agrícola, este término dejó de usarse, pero Derek Tidball describe la necesidad de la imagen de pastorear para el desarrollo de la teología pastoral en términos inequívocos:

> La teología pastoral entonces, se relaciona apropiadamente con la interfase entre la teología y la doctrina cristiana por un lado, y la experiencia pastoral y el cuidado por otro. Como tal se encuentra que es una disciplina con tensión. No es teología en el abstracto, sino teología vista desde la perspectiva pastoral. La perspectiva pastoral puede bien informar y cuestionar el trabajo del pastor y esa relación no debe ser invertida. Esto le dará a la dimensión pastoral de la vida de la iglesia un punto de partida seguro y le impedirá irse en tangentes.[6]

Los profetas, los sacerdotes y lo reyes de Israel, especialmente Moisés y David, fueron llamados a pastorear al pueblo de Dios. La descripción clave que hace Jesús de su relación a su pueblo fue una de pastor. El cargo apostólico presentado a Pedro, tal vez como representante de todos los apóstoles, era alimentar a y cuidar de las ovejas de Jesús (ver Juan 21:15-19). El deber del pastor se resumió en Hechos 20:28: «Tengan cuidado de sí mismos y de todo el rebaño sobre el cual el Espíritu Santo los ha puesto como obispos para pastorear la iglesia de Dios, que él adquirió con su propia sangre».

Esta imagen integra varias de las otras imágenes. Los elementos principales de esta imagen estresan temas tales como:

1. Relación: conocer a tus ovejas por nombre
2. Protección: entregar tu vida por tus ovejas
3. Criar: suministrarle a tus ovejas agua y comida
4. Restauración: buscar y rescatar a las ovejas perdidas
5. Curación o consejo: atender las heridas de tus ovejas
6. Liderazgo: guiar a tus ovejas sobre caminos productivos

David era un niño pastor quien se convirtió en un pastor-rey. Él guió al pueblo en adoración mientras él bailaba frente al arca. Así como había derrotado a lobos y leones, él guió en guerra espiritual contra los filisteos. Proveyó banquetes para su pueblo. Encontró a los dolidos, tal como Mefiboset, y ayudó a traerles provisiones y a curarlos. David dirigió la campaña de recolecta de recursos para construir el Templo, la primera campaña para construir una iglesia. Los salmos demuestran su amor por el estudio y la enseñanza de la palabra de Dios. David también era un organizador que estableció políticas que le sirvieron bien a la nación. Eso pudo haber sido en parte lo que causó que Dios declarara a David «un hombre según su propio corazón».

* * *

Mientras consideras estas imágenes y características como herramientas para tu continuo ministerio, involucra a otros para hacerlas una parte íntegra de tu vida. Primero, llévalas a tu closet de oración y permite que Dios selle a tu corazón los puntos exactos que son para ti. Segundo, reflexiona acerca de ellos de vez en cuando; compromisos impulsivos y precipitados a menudo se rompen cuando cae la realidad de la vida y del ministerio. Tercero, invita a tu pareja o a un amigo o amiga cercana a una conversación sana y continua acerca de estas imágenes y características. Cuarto, confía en la perspicacia de aquellos también involucrados en el liderazgo; dales acceso y acepta su sabiduría. Quinto, toma pequeños pasos que permitirán que sean notables el cambio incremental y los resultados. Con estos pasos te sentirás animado y serás capaz de ajustar tu compromiso y tu enfoque.

Es nuestra esperanza que estas palabras te hayan afirmado e inspirado en tu llamado para ser pastor y que también te hayan provisto con orientación para ayudarte a tomar un paso hacia más eficacia por el bien de la iglesia.

La iglesia está entrando a un nuevo día. Se necesitan pastores competentes y devotos; en otras palabras, pastores efectivos. En el espíritu de la oración y con un corazón humilde, vuelve a darle la bienvenida al llamado de Dios para ser pastor. Para ese fin trabajamos y oramos.

*¡Que Dios te bendiga!*

**Notas**
1. Robert D. Dale, *Pastoral Leadership,* Abingdon, Nashville, TN, 1986, p. 29.
2. Edgard C. Zaragoza, *No Longer Servants, But Friends – A Theology of Ordained Ministry* Abingdon, Nashville, TN: 1999, pp. 23-26.
3. Robert Greenleaf, *Servant Leadership* Paulist Press, Mahwah, NJ, 1977.
4. Zaragoza, p. 70.
5. Ibid., p. 80.
6. Derek Tidball, *The Message of the Cross: Wisdom Unsearchable, Love Indestructible* InterVarsity Press, Downers Grove, IL, 2001, p. 24

Apéndice A

# HACIENDO USO DE *15 CARACTERÍSTICAS DE LOS PASTORES EFECTIVOS*

Creemos y oramos para que este recurso cumpla con la necesidades de los pastores en diferentes situaciones. Aquí hay unos cuantos aspectos en los que creemos que el material que presentamos en este libro será especialmente útil.

## Autoevaluación pastoral

Una de las cualidades más importantes en un líder es el conocimiento de sí mismo. Si eres un pastor o un líder de una iglesia local, estas 15 Características pueden ser un punto de partida para la evaluación continua de tu eficacia personal. Conforme te dedicas a entenderlas, el Espíritu Santo pueden comenzar a enseñarte los ámbitos en los que estás bien enfocado así como aquellos que necesitan ser fortalecidos. Sé honesto contigo mismo acerca de estas características porque ignorarlas solo puede tener consecuencias dañinas para ti *y* para tu iglesia.

Tú puedes ser relativamente nuevo para el ministerio pastoral. Las 15 Características te pueden ayudar a establecer las cualidades que te guiarán y que te servirán durante una vida de ministerio eficaz. Tal vez estás a mitad de camino de tu vida, preguntándote si lo que has hecho es importante. Puede ser que buscas algún tipo de corrección o algún punto de control mientras entras a la segunda parte de tu vida en el ministerio. Si te desesperas mientras recuerdas los últimos 15 o 20 años, encuentra esperanza en Dios y encuentra un nuevo camino para vivir los últimos 20 en humildad. Toma tiempo para considerar profundamente estas características y recuerda que con Dios, cada día es un día nuevo.

Tal vez estás recordando tu vida como pastor. Esperamos que este libro sirva como una afirmación de los principios que te han guiado durante muchos años.

Y, tal vez, las *15 Características* proveerán un vocabulario y un marco con el cual puedas aconsejar y animar a los más jóvenes mientras ellos comienzan a recorrer el mismo camino que tú ya has recorrido.

## Evaluación pastoral

La identificación y la evaluación del personal pastoral ocurren a niveles múltiples. En iglesias independientes ocurren a escala pequeña, casi siempre llevadas a cabo por el pastor superior o personal superior. En denominaciones ocurren a nivel nacional y hasta global y son comúnmente dirigidas por líderes o comités judiciales.

La base para evaluar a aquellos llamados al ministerio pastoral cae a menudo en el juicio subjetivo de aquellos responsables por el proceso. Confiamos que el Espíritu Santo usará a líderes para engendrar a líderes, ¡pero es sin duda bueno cuando tenemos alguna pauta para enfocar nuestro discernimiento! Las 15 Características pueden ser útiles para juntas, comités, superintendentes, obispos y otros líderes institucionales encargados de discernir quién debería de ser animado a entrar al ministerio pastoral. La mayoría de estas características no requieren un nombramiento pastoral para ser cumplidas, así que judiciales que se encuentran en el proceso de evaluar a nuevos candidatos pueden beneficiarse mucho usándolas como guía.

## Búsquedas pastorales

No existe ninguna iglesia que no haya o que no vaya a experimentar una época de transición pastoral (¡al menos que muera la iglesia cuando el pastor fundador se va!) El proceso de buscar un pastor nuevo es a menudo tedioso y en ocasión divisivo. «Deberíamos de anotar nuestra expectativas para el nuevo pastor» es usualmente una de las primeras sugerencias del comité encargado de buscar al nuevo pastor. El resultado es invariablemente una letanía de expectativas que pocos podrían cumplir.

¿Te puedes imaginar un comité de búsqueda convocándose por primera vez en oración, reflexión y diálogo acerca de las 15 Características de los pastores efectivos, las cuales han sido ofrecidas por un grupo de expertos atentos y calificados? ¡Se puede convertir en un ejercicio de unidad! Nuestra oración es que llegue a ser un proceso por el cual las juntas de las iglesias y los comités de búsqueda profundicen su entendimiento del cargo de pastor, y por el cual los miembros de la iglesia se puedan enfocar en la visión de Dios para la iglesia local.

Una de las más grandes dificultades que enfrentan los comités de búsqueda es cómo entender la naturaleza del llamado pastoral. Frecuentemente, el perfil para un nuevo pastor se reduce a una descripción del puesto modelada de los presidentes de compañías locales, con unos cuantos deberes espirituales metidos por el medio; ¡pero el llamado para pastorear al pueblo de Dios es diferente desde su propio centro! ¿Quién les va a ayudar a estas personas bien intencionadas a comenzar su labor desde el lugar correcto y a crecer en entendimiento? Nosotros creemos que la sabiduría consensual de un cuerpo de expertos pastorales es un buen lugar para comenzar.

## Entrenamiento pastoral

Muchos seminarios y escuelas bíblicas se ocupan de la educación con una metodología inductiva. Primero, el ministerio pastoral está dividido en varios componentes tales como teología, estudios bíblicos o consejo espiritual, y cada una de esas disciplinas se enseña por un experto en ese campo particular. No es difícil ver que el éxito en el entrenamiento pastoral puede rápidamente llegar a identificarse con el aprendizaje de componentes individuales y la excelencia en el aula antes que en el desarrollo de un pastorado pleno y efectivo.

Un enfoque mejor, y más extenso, es aprender de aquellos que lo están viviendo. No estamos sugiriendo que las disciplinas clásicas del entrenamiento teológico sean reemplazadas sino que tienen que ser mejoradas por un entendimiento general de la eficacia pastoral. Esto ayudará a aquellos en escuelas de entrenamiento a ver de qué manera contribuye su educación en su formación como pastores sanos, completos, equipados y efectivos.

## Apéndice B

# EL MÉTODO DELPHI

El proceso usado para desarrollar las *15 Características de pastores efectivos* involucró lo que se llama la Comisión Delphi. Este es un método de investigación arraigado por el cual se obtiene el consenso de expertos para determinar validez. En otras palabras, las 15 características han sido validadas por nuestra comisión de expertos a través del método Delphi. Mucho de lo que se encuentra en cada uno de los capítulos es nuestro comentario, pero las meras características son validadas por la comisión.

El objetivo de la mayoría de las aplicaciones Delphi es la exploración fiable y creativa de ideas o la producción de información apropiada para tomar decisiones. El método Delphi está basado en un proceso estructurado para reunir y destilar conocimiento de un grupo de expertos a través de una serie de cuestionarios intercalados con opiniones controladas (Adler y Ziglio, 1996). Según Helmer (1977) Delphi representa un instrumento útil de comunicación entre un grupo de expertos y por lo tanto facilita la formación de un juicio en grupo.[1]

Un proceso Delphi involucra cuidadosamente seleccionar expertos para servir en la comisión. Ellos se ponen de acuerdo en el propósito y en el resultado, y también acuerdan ser influenciados por sus compañeros.

En nuestro caso, nueve panelistas fueron identificados por un método largo de inspección entre pastores en varias áreas de Norteamérica para determinar quién era generalmente percibido como un experto en el desarrollo pastoral. El resultado es la lista de nombres que tú ves en la Sección de Reconocimientos.

Una vez identificados y después de que habían aceptado servir en esta capacitación, se les pidió a los panelistas que escribieran, en una sola oración, características de la eficacia pastoral. Hicieron esto independientemente, sin provocación o entrenamiento. Respondieron con una lista de 116 características. Estas fueron sintetizadas para eliminar duplicación, y el resultado fue una lista de 64 características (ver apéndice C).

Estas 64 compusieron el instrumento usado para la porción de desarrollo de consenso de nuestro esfuerzo. Le enviamos la lista a cada uno de los panelistas y se les pidió que clasificaran cada característica en escala tipo Likert del 1 al 5 en importancia en describir eficacia en un pastor.

Después de cada ronda, el puntaje promedio para cada característica se marcaba en el instrumento y se mandaba de nuevo a los panelistas. De esta manera podían ver el resultado neto de la ronda previa y cómo estaba clasificando el grupo esa característica individual. Esto permitió que el pensamiento en grupo se convirtiera en parte de su consideración para la siguiente ronda.

Los panelistas recibieron el instrumento cuatro veces, cada uno con el puntaje promedio del grupo entero de cada característica para que pudieran considerar la opinión del grupo mientras les daban puntos a cada característica de nuevo. Después de cuatro veces, el puntaje promedio se calculó y solo aquellos con un puntaje de 4,5 o más se incluyeron en la lista final de 15. Varias panelistas observaron que las 64 características eran todas importantes. Estamos de acuerdo, pero estas 15 son de importancia particular a luz del consenso de expertos.

**Nota**
1. David Arditi, «*The Delphi Method*». http://www.iit.edu/~it/delphi.html (visitado en marzo, 2007).

## Apéndice C

# 64 CARACTERÍSTICAS SINTETIZADAS

1. Desarrolla hábitos regulares para la formación espiritual (devociones, ayuno, soledad)
2. Posee una experiencia alegre de la gracia y del crecimiento de Dios en su sendero cristiano
3. Está conciente de la presencia de Dios en todos los casos
4. Demuestra un entendimiento riguroso y priorizado de las Escrituras
5. Demuestra a través de las acciones personales una preocupación genuina por los dolientes y los que no tienen derecho al voto
6. Demuestra una preocupación por las misiones que resulta en acciones personales y de liderazgo
7. Activamente modela y guía a la congregación en alcance evangelístico hacia aquellos sin Cristo
8. Prioriza y guía activamente de manera que desarrolla a discípulos
9. Modela y guía personalmente a la congregación en una búsqueda activa de santidad personal y corporativa
10. Posee un amor profundo y personal hacia Dios
11. Demuestra activamente a través de acciones de liderazgo un amor y un fervor por la iglesia de Jesucristo
12. Cumple con un sentido claro del llamado
13. Alguien que no solamente cree en el poder del Espíritu Santo sino que también espera que el Espíritu Santo trabaje continuamente

14. Modela una vida de oración efectiva, regular y creciente
15. Demuestra una participación activa en el liderazgo de oración dentro de la congregación, la comunidad y el cuerpo de Cristo
16. Demuestra compromiso con la prioridad de alabanza personal y corporativa
17. Posee un matrimonio fuerte con obvia consideración cariñosa hacia su pareja
18. Tiene hijos devotos y un hogar bien organizado
19. Posee varias amistades íntimas con personas del mismo sexo
20. Demuestra la habilidad para relacionarse con una diversidad extensa de personas: edad, sexo, económico y social
21. Utiliza un excelente don de gente
22. Es capaz de crear un medio ambiente de amor y respeto entre la congregación
23. Demuestra una personalidad equilibrada que ha contemplado cualquier disfunción del pasado y las ha resuelto por completo (i.e., no es probable que entre en pánico, se ponga la la defensiva o sea demasiado controlador)
24. Posee un sentido bien desarrollado de autoconocimiento
25. Posee una actitud de perseverancia y tenacidad que no se rinde fácilmente
26. Demuestra hábitos disciplinados de trabajo
27. Posee un sentido sano de «instinto» exhibido a través de su voluntad para trabajar fuerte y buscar la excelencia
28. Demuestra consecuentemente un carácter devoto expresado en los nueve frutos del Espíritu
29. Participa en los hábitos de lectura y el estudio regular y disciplinado
30. Invita y da la bienvenida a la responsabilidad personal
31. Demuestra una habilidad para equilibrar prioridades
32. Demuestra una habilidad para establecer límites claros
33. Demuestra una humildad auténtica
34. Valora y manifiesta integridad personal consecuente

35. Posee confianza en sí mismo que no necesita apoyo constante
36. Demuestra la habilidad para tomar decisiones difíciles
37. Demuestra la habilidad para tomar riesgos
38. Demuestra activamente una actitud devota de siervo en papeles personales y de liderazgo
39. Manifiesta flexibilidad para hacer ajustes efectivos durante los cambios continuos
40. Mantiene su mente abierta como un estudiante entusiasta
41. Demuestra un deseo fuerte para crecer intelectualmente (i.e., hábitos de estudio disciplinados: leer, analizar, conexiones con personas que ayudarán en el desarrollo)
42. Exhibe una habilidad para motivar a la gente a un nivel más alto de vida individual y corporativa
43. Demuestra una capacidad para generar visión
44. Posee una habilidad para comunicar una visión y motivar a otros hacia ella
45. Demuestra un entendimiento de la naturaleza humana
46. Posee un entendimiento de lo que motiva a las personas
47. Posee una habilidad para levantar a otras personas para que estas guíen con efectividad
48. Posee una habilidad para desarrollar un equipo fuerte de ministerio
49. Posee una habilidad creativa para resolver conflictos con efectividad
50. Demuestra una voluntad para aconsejar y discipular líderes importantes
51. Demuestra una habilidad para establecer prioridades y cumplir con ellas
52. Demuestra una habilidad para administrar el tiempo con efectividad
53. Entiende e implementa una estrategia clara para el ministerio
54. Entiende el momento oportuno de iniciativas de liderazgo
55. Demuestra la habilidad para actuar como el agente de cambio, efectuando el cambio en las personas, los grupos y las organizaciones
56. Posee la habilidad para inspirar celebración en grupos y en la iglesia
57. Demuestra un conocimiento práctico de cómo se administran las organizaciones

58. Manifiesta una habilidad para enseñar con efectividad la verdad de Dios de manera que produzca cambios en las vidas de las personas
59. Exhibe una habilidad para predicar la Palabra de Dios de manera nueva y estimulante
60. Demuestra habilidades efectivas de comunicación
61. Posee entrenamiento teológico adecuado
62. Es adecuadamente compensatorio en remover distracciones
63. Posee habilidades transculturales efectivas
64. Manifiesta una conciencia social a través de la sensitividad de la comunidad que sirve las necesidades sociales

## APÉNDICE D

# RESUMEN DE LAS DESCRIPCIONES DE LAS 15 CARACTERÍSTICAS

**Característica 1: La gracia y el desarrollo**

Los pastores efectivos tienen una experiencia alegre de la gracia y el desarrollo de Dios en sus caminos cristianos. Tienen un entendimiento creciente de su necesidad personal por la gracia diaria de Dios en sus propias vidas, y esta necesidad los motiva a buscar continuamente el desarrollo espiritual personal.

**Característica 2: El amor a Dios**

Los pastores efectivos descubren y se deleitan en la pasión que tiene Dios por ellos. Ponen como prioridad el desarrollo de su relación personal de amor con Dios. Ven el «éxito en el ministerio» como una imitación barata de aquello que verdaderamente anhelan: comprometer su corazón diariamente con Dios. Sin un amor fuerte, profundo y personal hacia Dios, el ministerio está en peligro constante de declinar hacia el mero profesionalismo, y el ministerio como «trabajo» merma la eficacia del pastor.

**Característica 3: La formación espiritual**

Los pastores efectivos reconocen su espíritu quebrantado y la necesidad consecuente de preparar sus almas para la presencia del Espíritu Santo a través de hábitos espirituales. Esta vida rigorosa de disciplina espiritual endurece y suaviza el alma para que la vida diaria se viva desde un centro espiritual. Estas disciplinas son prácticas de acción física y mental que le dan a Dios acceso a nuestros corazones para que podamos vivir más como Jesús.

### Característica 4: La integridad personal

Los pastores efectivos priorizan los dominios internos y privados de obediencia más que la arena externa y pública de las apariencias, y esta integridad, la continuidad entre lo interno y lo externo, crea credibilidad. Estos pastores están bien formados en la relación entre la parte inferior y superior de su «témpano de hielo». Sus acciones naturalmente fluyen de una identidad semejante a la de Cristo, completa e integrada dentro de todo lo que hacen.

### Característica 5: El amor hacia la iglesia

Los pastores efectivos son positivos y apasionados acerca de la naturaleza y la misión de la iglesia local y global, y su amor se manifiesta en actos humildes de liderazgo valiente que guían a la iglesia hacia la madurez y hacia el alcance. Poseen un amor profundo por el reino de Dios en el mundo, reflexionado en el cuerpo de Cristo.

### Característica 6: El líder servicial

Los pastores efectivos entran a cada relación con una perspectiva de servidumbre que pregunta: «¿De qué manera te puedo animar para que te sientas valorado y fortalecido para seguir el destino que tiene Dios para tu vida?» Su identidad se forma como un siervo de Dios modelado como la mente de Cristo. Esta humildad de liderazgo es lo suficiente audaz para guiar a las personas pero siempre es motivada por los propósitos de Dios, no por la ganancia personal.

### Característica 7: El modelo de santidad

Los pastores usan su influencia como modelo de conducta para la santidad, demostrando cómo vivir como Cristo en nuestra época. Ponen la prioridad en ayudar a que su congregación sea crecientemente transformada en personas semejantes a Cristo que proporcionan plenitud a su entorno.

### Característica 8: La vida de oración

Los pastores efectivos modelan una vida de oración efectiva, regular y creciente que es relacional a su centro, y creen en el poder de la oración para influenciar sus vidas, la vida de la iglesia y el mundo a su alrededor. Esta vida de oración penetra todos los aspectos de la vida privada y pública de estos pastores.

## Característica 9: El Espíritu Santo Autoriza

Los pastores efectivos creen en el poder del Espíritu Santo. Se ven a sí mismos impotentes para producir algo de valor espiritual sin la asistencia del Espíritu Santo, y entienden la realidad del dominio espiritual y la necesidad del poder espiritual, funcionando con una dependencia en la fortaleza y la intervención del Espíritu Santo.

## Característica 10: La predicación inspirada

Los pastores efectivos comunican la Palabra de Dios de manera que conectan la verdad con preguntas y necesidades diarias de la gente. Entienden por igual la condición de los oyentes, la creatividad de la comunicación y el poder transformador de las Escrituras. La predicación inspirada es enfocada, creativa, dadora de vida, rica y conectada a Dios y al pueblo.

## Característica 11: El llamado seguro

Los pastores efectivos tienen una convicción profunda de que su obra es una respuesta obediente al propósito divino que tiene Dios para sus vidas. Buscan el ministerio con urgencia, calidad y tenacidad que representa el asidero que tiene Dios de sus almas. El llamado es una obra continua y dinámica de Dios, confirmada por la iglesia y renovada a través de las actividades del ministerio.

## Característica 12: El carácter devoto

Los pastores efectivos priorizan el desarrollo de su carácter por sobre el «éxito» de su iglesia. Demuestran la vida del Espíritu a través de las características que marcan sus actitudes y acciones diarias. El carácter consistente y devoto demostrado a través de la manifestación del fruto del Espíritu es esencial para el ministerio eficaz pastoral; la prioridad debe ser las raíces por sobre los resultados.

## Característica 13: La responsabilidad personal

Los pastores efectivos tienen amigos cercanos con los cuales comparten la vida, amigos que son rápidos en retar o afirmar al pastor hacia el carácter devoto y la excelencia personal. Son vulnerables a otros, a personas que les dan un entendimiento más completo de su propio viaje hacia la eficacia y en su liderazgo.

**Característica 14: El matrimonio fuerte**

Los pastores efectivos priorizan el desarrollo de un matrimonio que tiene una vida aparte del ministerio, y esto fortifica el ministerio. Estos pastores aprecian, afirman y representan a su pareja por igual en privado y en público. El matrimonio encuentra su fuente en Dios, no en las autoridades civiles, y es el lugar donde los principios del reino deberían de ser mejor representados, los pastores efectivos tienen que mostrar un matrimonio fuerte; no lo deben hacer como fórmula preceptiva para asegurarse de un buen ministerio sino como evidencia descriptiva de que entienden el reino y viven sus principios de manera sana al nivel más obvio y básico.

**Característica 15: El liderazgo visionario**

Los pastores efectivos practican cómo escuchar a Dios y colaborar con otra gente para descubrir una visión para su iglesia. Comunican esta visión en público y en entornos personales de maneras que influyen a personas a ayudar a hacer la visión una realidad. *Tener una visión* involucra ser un destinatario preparado al igual a que tener los medios por los cuales la visión se puede enfocar. *Comunicar una visión* tiene que ver con la manera en que se comparte la visión. *Motivar una visión* involucra la manera en que las personas son inspiradas en unidad a moverse hacia cumplir esa visión.

# ACERCA DE LOS PANELISTAS DELPHI

**John Burke** trabaja como pastor fundador en *Gateway Community Church* en Austin, Texas, con un enfoque en los no evangelizados. Él es el autor del libro *No se admiten personas perfectas*. Antes de comenzar en *Gateway*, John fue el director ejecutivo de ministerios en *Willow Creek Community Church*. Antes de eso, John y su esposa, Kathy, fueron parte del personal con un ministerio en California. Él y Kathy tienen dos hijos.

**Maxie Dunnam** ha sido ministro en la Iglesia Metodista Unida desde 1955, cuando a la edad de 21 años, organizó *Aldersgate United Methodist Church* en Atlanta, Georgia. Él guió a tres congregaciones más antes de convertirse en director del departamento de becas y después editor general de *The Upper Room*, la bien conocida publicación metodista. En 1982, se convirtió en pastor de *Christ Methodist Church* en Memphis, Tennessee. En 1994, se convirtió en presidente de *Asbury Theological Seminary* y ahora trabaja como rector. Él es el autor de muchos libros y continúa siendo un orador y un líder de recursos pastorales popular.

**Jack Hayford** es el pastor fundador de *The Church On The Way* en Van Nuys, California, y el presidente fundador de *The King's Seminary*. Él es un autor prolífico y trabaja como el editor general de las publicaciones *Spirit-Filled Life*. Ha compuesto más de 500 himnos, canciones y coros, entre los más notables está el clásico «*Majesty*». El pastor Jack puede ser escuchado alrededor del mundo en el programa de radio y de televisión *Living Way*. Actualmente trabaja como presidente del *International Church of the Foursquare Gospel*.

**Walter C. Kaiser, Jr.** es presidente emérito de *Gordon-Cornwell Theological Seminary* en South Hamilton, Massachusetts. Es profesor distinguido de Antiguo Testamento en el *Colman M. Mockler* y ha escrito más de 40 libros y comentarios. Kaiser es un popular orador y líder de recursos para pastores y académicos alrededor del mundo y es miembro de las juntas de varias organizaciones cristianas.

**H.B. London, Jr.** es vicepresidente de *Ministry Outreach/Pastoral Ministries for Focus on the Family* en Colorado Springs, Colorado. Es un ministro de cuarta generación, London fue pastor durante 31 años. También fue presentador de un programa diario de radio, *Lifeline to Truth*, durante 20 años. Desde que se unió al liderazgo de *Focus on the Family*, ha dirigido el desarrollo de ministerios para pastores y sus parejas, y ha supervisado ministerios que afectan a médicos, a jóvenes, vecindarios pobres, misioneros, capellanes y campamentos de baloncesto para niños de padres solteros en muchas ciudades alrededor de los Estados Unidos y Canadá. Ha escrito varios libros, incluyendo *The Herat of a Great Pastor*.

**Stephen A. Macchia** se convirtió en presidente fundador de *Leadership Transformations, Inc.* (LTi) en julio 1, 2003. LTi es un ministerio que se enfoca en las necesidades de formación espiritual de los líderes y los procesos de discernimiento espiritual de equipos de liderazgo en entornos de ministerios en iglesias locales y en ministerios de apoyo a las iglesias nacionalmente. Antes, Macchia trabajó durante 14 años como presidente de *Vision New England*, una asociación de más de 5.000 iglesias. Él es el autor de *Becoming a Healthy Church* y *Becoming a Healthy Disciple*.

**Gordon MacDonald** ha sido pastor y autor por más de 40 años. Actualmente trabaja como editor general de *Leadership Journal* y como presidente de *World Relief*. Entre sus libros están *The Life God Blesses, Renewing Your Spiritual Passion, Rebuilding Your Broken World* y el superventas, *Ordering Your Private World*. MacDonald se puede encontrar frecuentemente escalando las montañas de Nueva Inglaterra o de Suecia con su esposa, Gail, y sus cinco nietos.

**Jesse Miranda** tiene un compromiso firme con la participación cívica entre los latinos. Es un sobresaliente líder de la comunidad y educador religioso por más de 40 años, trabajó como supervisor pastoral de las Asambleas de Dios. Es autor y orador y actualmente trabaja como director de *Center for Urban Studies and Hispanic Leadership* en Vanguard Univerity, y es presidente de la Alianza de Ministerios Evangélicos Nacionales (AMEN).

**Brenda Young** es pastora de la dinámica y creciente *Cornerstone Community Church* en Akron, Ohio. La iglesia se especializa en ministerios enfocados en cumplir con las necesidades actuales de su comunidad. Como líder influyente de su denominación, Brenda es oradora nacional e internacional. Trabaja en varias juntas, incluyendo la *National Board for the Free Methodist Church* en Norteamérica.

*Nos agradaría recibir noticias suyas.*
*Por favor, envíe sus comentarios sobre este libro*
*a la dirección que aparece a continuación.*
*Muchas gracias.*

*Vida@zondervan.com*
*www.editorialvida.com*

www.ingramcontent.com/pod-product-compliance
Lightning Source LLC
LaVergne TN
LVHW030634080426
835508LV00023B/3351